Salvatore Panzarella

Lo Spirito parla alle Chiese

Salvatore Panzarella

Lo Spirito parla alle Chiese

I sette oracoli profetici dell'Apocalisse

Edizioni Sant'Antonio

Imprint

Cover image: Fornito dall'autore

Publisher:
Edizioni Accademiche Italiane
is a trademark of
International Book Market Service Ltd., member of OmniScriptum Publishing Group
17 Meldrum Street, Beau Bassin 71504, Mauritius

Printed at: see last page
ISBN: 978-620-2-00061-1

«Chi ha orecchi

ascolti quel che lo Spirito dice alle Chiese»

Sigle e abbreviazioni

AT = Antico Testamento

Apoc. Abramo = Apocalisse di Abramo

Apoc. Sof. = Apocalisse di Sofonia

Apoc. Esdra = Apocalisse di Esdra

Apoc. Gr. Baruc = Apocalisse greca di Baruc

Apoc. Sir. Baruc = Apocalisse siriaca di Baruc

Asc. Isaia = Ascensione di Isaia

CD = *Codice di Damasco*

ed., edd. = *edit, edidit*

EL = Ephemerides Liturgicae

et al. = et alii

Gius. e As. = Giuseppe e Aseneth

Ib. = Ibidem

ITQ = Irish Theological Quarterly

n. = nota

NT = Nuovo Testamento

NTS = New Testament Studies

Or. Sib. = Oracoli Sibillini

par. = parallelo/i

PdV = Parole di Vita

SBLSP = Society of Biblical Literature. Seminar Papers

Test. Abramo B = *Testamento di Abramo, recensione breve*

Test. Levi = Testamento di Levi

TJI Dt 32,39 = Targum dello Pseudo-Gionata

ThQ = Theologische Quartalschrift

4Q521 = Documento della quarta grotta di Qumran, detto anche *Apocalisse Messianica*

Apocalittico come aggettivo

"Apocalisse di Gesù Cristo" non è una definizione di genere ma di contenuto. Il libro conclusivo e ricapitolativo del canone biblico si presenta come "svelamento" fatto da Gesù Cristo delle cose "che devono accadere presto", mostrate a Giovanni perché ne sia testimone presso sette Chiese dell'Asia minore, Efeso, Smirne, Pergamo, Tiatira, Sardi, Filadelfia e Laodicea.

I tentativi di definire "l'apocalittico" in riferimento a un movimento di pensiero compatto, si scontrano con l'evidenza che i testi ricondotti generalmente a tale contesto letterario e teologico, mostrano diverse coordinate di pensiero.

D'altra parte, lo si sa, il termine "apocalittica" è moderno e il nome "apocalisse" in antico si trova solo raramente come titolo di un'opera (*Test. Abramo* B, *Apoc. Gr. Baruc* e *Apoc. Esdra*)[1]. A più riprese, invece, il genere dell'ultimo libro del canone neotestamentario, cioè la sua connotazione fondamentale e l'ambito della sua specifica appartenenza, è espresso nei termini di profezia, a cominciare dalla beatitudine di Ap 1,2 rivolta a coloro che ascoltano «le parole della profezia», sino all'esplicita definizione del testo come libro profetico in Ap 22,19.

Tale identificazione evidenzia il fatto che la distinzione tra apocalisse e profezia, cui molti studiosi nel tempo si sono appellati anche in termini di contrapposizione, non è avvertita dall'autore sacro.

La difficoltà dell'apocalittica, per dirla con K. Koch[2], è forse tutta radicata nel fatto che a vario titolo i diversi tentativi perpetuati nel tempo per darne una definizione soddisfacente si riconducono alla volontà di definire un fenomeno che non è mai esistito come realtà unitaria a sé stante, e che piuttosto si pone radicalmente come evoluzione di altro, profezia e sapienza soprattutto, che prende strade diverse una volta stabilizzate alcune caratteristiche specifiche.

---

[1] Cf. P. SACCHI, *Formazione e linee portanti dell'apocalittica giudaica precristiana*, in R. PENNA (ed.), *Apocalittica e origini cristiane. Atti del V Convegno di Studi Neotestamentari (Seiano, 15-18 settembre 1993)*, EDB, Bologna 1995, 19-36.19.

[2] Cf. K. KOCH, *Difficoltà dell'apocalittica*, Paideia, Brescia 1977, dall'originale in lingua tedesca *Ratlos vor der Apokalyptik*, pubblicato nel 1970.

Se la genesi e l'evoluzione classica degli studi sull'apocalittica è stata segnata dalle contrapposte visioni della scuola tedesca, legata ai nomi di A. Hilgenfeld di Jena, O. Plöger, D. Rössler, G. von Rad, e di quella anglosassone, con R.H. Charles, G. Foot Moore, R. Travers Herford, H.H. Rowley, D.S. Russell, segnate rispettivamente dalla tesi della frattura fra profezia e apocalittica e da quella dell'eredità dell'una passata nell'altra, è pur vero che in entrambe le posizioni la struttura di pensiero rimane su diversi aspetti rigida.

La visione secondo cui la profezia sia cessata nel periodo esilico per riprendere vigore con il NT, cioè con il Battista e con lo stesso Gesù che si sarebbero ispirati direttamente ai grandi profeti dell'epoca classica, in realtà non ha alla base alcun supporto storico-letterario. Libri anche solo parzialmente profetici vengono prodotti anche nei secoli prossimi all'era cristiana, come nel caso di Giona che è una riflessione di confine fra modi diversi di intendere il carisma e il ministero del profeta. D'altra parte, per quanto complessa sia la figura di Daniele, il libro a lui intestato contiene elementi profetici che ormai sono travasati nel linguaggio e nella struttura di pensiero apocalittici. Profetico può essere definito in virtù del fatto che già Ezechiele, Isaia e Zaccaria contengono elementi collegabili soprattutto con quell'elemento visionario che in genere viene visto quale aspetto centrale degli apocalittici e che in Daniele ha il suo primo grande sviluppo. La posizione tedesca, dunque, pare più impostata su presupposti ideologici che su dati concreti.

D'altra parte la ricerca anglosassone, che già a livello testuale è ampiamente superiore a quella germanica, specie per gli studi basilari di R.H. Charles, riesce a modulare ipotesi evolutive, sebbene non sempre convergenti, sintetizzabili nell'affermazione dell'americano G.F. Moore, secondo cui l'apocalittica è l'erede della profezia[3], salvo riconoscere che, comunque, non si tratta né dell'unica né della principale. Parlare in questi termini, però, paradossalmente implica il rischio che si stacchi eccessivamente l'una dall'altra, per di più considerandole come fenomeni del tutto omogenei.

[3] Cf. G.F. MOORE, *Judaism in the First Centuries of the Christian Era*, I-III, Hardvard University Press, Cambridge 1930, 18.

D'altra parte sul rapporto tra profezia e apocalittica insiste certa esegesi cattolica francese degli anni '30 del secolo scorso, cui forse non è stato dato il giusto rilievo in ordine alla chiarezza dei concetti e all'approfondimento di alcuni testi. Mi riferisco soprattutto alle ricerche di M.J. Lagrange e L. Gry[4].

Ritengo, dunque, che "apocalittico/a" innanzitutto non vada inteso come sostantivo ma come aggettivo. Dunque, piuttosto che l'apocalittica è esistito l'apocalittico, geneticamente inteso come uno dei rami evolutivi della profezia, probabilmente il maggiore, con suoi sviluppi molteplici, che in ambito cristiano hanno assunto un'impostazione teologica profondamente innovata dalla cristologia.

L'aggettivo, di conseguenza, si attribuisce anche a un gruppo di scritti tardogiudaici e cristiani, collocabili tra il III sec. a.C. e il II d.C., ma anche a parti di testi profetici precedenti.

Indico tre punti che variamente espressi, articolati e arricchiti nei diversi testi superstiti, possono precisare il contenuto di "apocalittico/a":

1. Lagrange affermava: «L'apocalypse regarde l'avenir, et surtout l'avenir des derniers jours»[5], evidenziando, però, come questa lettura del tempo si riferisce anche alle origini. Gli scritti apocalittici propongono una visione della storia che vuole essere olistica, dunque insieme protologica ed escatologica. La maggior parte delle opere apocalittiche dell'antichità, sia tardogiudaiche sia protocristiane, si pongono in realtà come reazione ad una situazione di crisi, di cui vogliono offrire una precisa ermeneutica. Questo dato appartiene propriamente alla natura della profezia che si pone sempre come lettura teologica della storia. A cambiare è il punto di vista che negli scritti apocalittici appare spesso legato a una rivelazione celeste e visionaria, peraltro pure presente nella profezia biblica, che può garantire un orizzonte di lettura complessivo.

2. Apocalittico come aggettivo è riferito anche alla forma espressiva simbolica di questi scritti. Essa è strettamente connessa con l'ermeneutica olistica della storia, in quanto il linguaggio metaforico è aperto e capace di esprimere l'universale. Più in generale questo

---

[4] Si vedano in particolare M.J. LAGRANGE, *Le Judaisme avant Jésus-Christ*, Gabalta, Paris 1931 e L. GRY, *Les dires prophétiques d'Esdras*, I-II, Geuthner, Paris 1938.

[5] M.J. LAGRANGE, *Le Judaisme*, 72.

dato si coglie in relazione al ricorso al mito, che negli scritti apocalittici del periodo giudaico, appare senza dubbio legato a fenomeni di contaminazione culturale in parte riconducibili al periodo della cattività babilonese. D'altra parte è ormai assodato che il giudaismo si caratterizza anche come realtà di convergenze culturali molteplici.

3. Terzo elemento che delinea il senso dell'aggettivo è la dimensione carismatica della mediazione, non legata all'istituzione, ma piuttosto a una dimensione che si sottrae al controllo umano. Questo dato vale sia in rapporto ai mediatori celesti, sia in riferimento al destinatario della rivelazione chiamato a comunicare il messaggio di cui è depositario. Su quest'ultimo aspetto ci troviamo chiaramente di fronte all'espansione di un dato propriamente legato alla natura della profezia. Gli studiosi anglosassoni hanno anche evidenziato la contrapposizione fra l'apocalittica e la legge, in relazione a diverse entità gruppali[6], sottolineando un dato comunque significativo, al di là della verosimiglianza delle diverse ipotesi: l'aderenza dell'apocalittico con l'elemento carismatico opposto a quello legalistico-istituzionale. Di fatto questa è un'intuizione che rimarca l'appartenenza delle tradizioni apocalittiche al ceppo profetico.

Il rapporto si legge anche all'inverso, dato che in diversi testi apocalittici abbondano rimandi alla profezia classica, che, dunque, vi appare a più riprese come esplicita fonte di ispirazione già a livello dell'armamentario linguistico e immaginifico, al punto che bisogna pur riconoscere che senza questi riferimenti essi rimangono di fatto incomprensibili.

Nell'ambito del primo cristianesimo è indubbio l'apporto dell'evoluzione apocalittica della profezia nella definizione del messaggio rivelato, dell'ecclesiologia e, in primo luogo, della presentazione della figura di Gesù soprattutto nei vangeli, oltre che, naturalmente nel libro dell'Apocalisse giovannea.

Che Gesù stesso abbia veicolato la sua autodefinizione con categorie profetico-apocalittiche e che le comunità delle origini abbiano maturato la loro percezione del mistero di Cristo e del loro stesso statuto identitario su tale modello, deve pur essere stato

---

[6] R. Travers Herford contrappone la letteratura apocalittica, contestualizzata nei circoli zeloti, con quella farisaica. Si veda soprattutto la sua opera più nota, *The Pharisaism. Its Aim and its Method*, William & Norgate, London 1912. Russell è meno netto e ritiene che l'apocalittica pur essendo profondamente legata agli esiti del profetismo, non può essere il frutto di un unico gruppo né necessariamente di aderenti a una realtà gruppale, cf. D.S. RUSSELL, *L'apocalittica giudaica*, Paideia, Brescia 1991, 48.

favorito da un tessuto culturale e religioso in cui di fatto il paradigma profetico era ormai filtrato dalle categorie mentali e linguistiche apocalittiche.

In tal senso il libro dell'Apocalisse giovannea non è propriamente un *unicum* nel NT, ma semmai appare il testo che più di ogni altro esplicita questo dato, essendo libro profetico per definizione ma chiaramente impostato e sviluppato su tale processo di innovazione.

I sette messaggi alle Chiese che aprono il messaggio rivelato a Giovanni, a mio avviso corrispondono a questa logica, costituendo un'innovazione dell'oracolo profetico che precede la grande visione celeste, a mo' di introduzione e di chiave di lettura attualizzante della rivelazione all'interno del vissuto ecclesiale.

I PARTE
LA PROFEZIA APOCALITTICA NELLE CHIESE GIOVANNEE

1. I processi evolutivi della profezia apocalittica: un tentativo di ricostruzione

Se apocalittico va inteso come connotazione indicante una svolta nel fenomeno profetico principalmente legata a una nuova prospettiva ermeneutica sulla storia, possiamo anche azzardare un'ipotesi di sviluppo della profezia classica in quella apocalittica.

Il punto di partenza è costituito dall'immaginario visionario-simbolico che caratterizza in modo pervasivo il libro di Ezechiele. Si tratta di una prospettiva sulla rivelazione profetica e sulle sue forme recettive e comunicative che in sostanza è assente nei profeti più antichi.

Un primo approfondimento della declinazione visionaria della profezia si trova in diversi scritti tradizionalmente riferiti al primo e medio periodo post-esilico o che comunque la critica storica tende a collocarvi, quali il Terzo Isaia, Zaccaria (nella sua triplice suddivisione), Gioele e probabilmente le cosiddette "apocalissi" isaiane (Is 24-27; 34-35). Questi testi oltre ai temi e all'immaginario visionario, presentano la struttura propria della lettura storica apocalittica, cioè l'orizzonte ermeneutico olistico, primariamente escatologico.

La fase di maturazione di questo processo d'innovazione interno alla profezia si lega a Daniele e alla letteratura enochica, come anche al *Libro dei Vigilanti*. P. Sacchi rintraccia in quest'ultima opera l'inizio vero e proprio dell'apocalittica[7]. Tuttavia, la sua impostazione è eccessivamente legata all'aspetto tematico degli scritti, al punto che a suo avviso Daniele non appartiene a questa cerchia di testi[8]. A mettere in rapporto Daniele, la tradizione enochica e il *Libro dei Vigilanti* è innanzitutto la traduzione della visione

---

[7] Cf. P. SACCHI, *Formazione e linee portanti dell'apocalittica giudaica precristiana*, 19-21.

[8] Sacchi sintetizza la sua posizione affermando che sono «elementi fondamentali di ogni apocalittica: 1. la credenza nell'immortalità (sia essa resurrezione o per immortalità dell'anima); 2. la convinzione che il male abbia origine in una sfera al di sopra dell'umano», P. SACCHI, *L'apocalittica giudaica e la sua storia*, Paideia, Brescia 1990, 78. Proprio su questa base egli finisce per non considerare apocalittico il libro di Daniele, cf. P. SACCHI, *Formazione e linee portanti dell'apocalittica*, 19 n. 2.

olistica della storia nel mito dello scontro tra bene e male, cui si riconduce la riabilitazione finale del popolo/gruppo destinatario. D'altra parte le istanze mediatrici della rivelazione vi appaiono profondamente rivisitate, dato che i personaggi cui si attribuisce la funzione di tramite tra il divino e l'umano sono celesti ovvero elevati al livello trascendente, e vi appare essenziale la forma scritta del messaggio che sostituisce quella orale della predicazione profetica. È comunque evidente la relazione di questi testi con situazioni storiche e di gruppo diversificate.

Il terzo momento evolutivo della profezia in senso apocalittico è dato dalle diramazioni giudaiche e cristiane che prendono vita a partire dal I sec. d.C. A questo punto appare chiaro che l'aggettivo "apocalittico" si coniuga con diverse teologie e con diversi gruppi e che il cuore della profonda innovazione della tradizione profetica che identifica risiede esattamente nel punto di vista sulla storia, così come l'abbiamo fin qui definito. Per il giudaismo l'evento cruciale è la distruzione del tempio, mentre per il proto-cristianesimo è la Pasqua-esaltazione del Cristo.

Intendiamo qui occuparci unicamente del caso del *corpus* degli scritti giovannei, come attestazione della specifica articolazione che in seno al cristianesimo delle origini ha assunto la profezia apocalittica.

2. La specifica articolazione dell'innovazione apocalittica del modello profetico negli scritti giovannei

Il canone neotestamentario ci ha consegnato un Pentateuco di scritti attribuiti alla tradizione giovannea, il Quarto Vangelo, le tre lettere e l'Apocalisse, che come tale va letto sia sul piano sincronico sia su quello diacronico. Non discuto dell'appartenenza di questi testi ad un unico ceppo ecclesiale, dato che, per quanto se ne possa parlare e argomentare, nessuna trattazione a mio avviso risulta convincente sulla necessità di estrapolare questo o quello scritto dall'insieme dei testi.

Le differenze notate dagli specialisti possono essere spiegate principalmente in relazione alla diversità di genere letterario degli scritti, all'evoluzione della situazione storica delle comunità di tradizione giovannea e all'approfondimento teologico che in esse è avvenuto.

Mi interessa qui approfondire la questione dei fenomeni profetici esattamente in questo contesto ecclesiale, così come possono essere rilevati all'interno degli scritti del *corpus*, cogliendone gli elementi di innovazione "apocalittica" rispetto al modello ebraico-giudaico.

2.1. Il Quarto Vangelo

Sull'inquadratura apocalittica del Quarto Vangelo ci si è mossi con lentezza. Ha pesato sulla ricerca lo scetticismo dovuto al tono polemico con cui l'evangelista sembra riferirsi a fenomeni visionari di carattere esoterico, come nel detto di Gv 3,13-14[9], e soprattutto la concentrazione storica dell'escatologia giovannea. Vi è ora, però, tutto un movimento di revisione di questa impostazione che, con le dovute distinzioni, tenta di rintracciare il grande debito della narrazione evangelica giovannea ai generi letterari e ai temi apocalittici.

---

[9] Si veda la breve sintesi di V. MANNUCCI, *Giovanni il vangelo narrante*, EDB, Bologna 1993, 257-258.

Sulla scorta di J. Ashton che per primo ha accostato l'ideologia apocalittica giudaica e il racconto giovanneo[10], M. Palinuro ha impostato un interessante lavoro sul Quarto Vangelo come "apocalisse in atto"[11], prendendo le mosse dalla rilevazione dei rapporti fra il testo di Giovanni e diverse opere apocalittiche tardogiudaiche[12]. Ne viene fuori un quadro di grande interesse, in cui sono evidenziati ben sette punti di convergenza, particolarmente con il 4 Esdra: 1. l'idea del libro scritto come portatore di vita (cf. 4Esdra 14,22 e Gv 20,31); 2. la struttura basata su sette segni da decifrare; 3. l'uso del discorso in prima persona del rivelatore (in 4Esdra Uriele, nel Quarto Vangelo Gesù) che parla a nome di Dio e come Dio; 4. il "dualismo sofferto", cioè una visione pessimistica del mondo che però al tempo stesso è aperta alla speranza dall'azione salvifica di Dio (cf. 4Esdra 5,33; *Test. di Abramo* B 12,12-13); 5. la struttura duale della realtà, per cui la storia è riflesso di un piano ultraterreno e metastorico (si veda il *Libro dei Giubilei*); 6. il linguaggio simbolico da decifrare; 7. l'escatologico come orizzonte ermeneutico della storia, che, però, in Giovanni è un dato fortemente rielaborato in ordine al compimento già presente nell'evento pasquale[13].

Nel complesso il Palinuro evidenzia come nel Quarto Vangelo siano intersecati due piani di lettura, quello storico e quello metastorico, attraverso l'inquadratura narrativa del racconto fornita dal Prologo, di cui mette in rilievo l'appartenenza all'ambito apocalittico-giudaico più che a un contesto ellenistico, e le continue irruzioni di elementi cosmici nella narrazione storica della vicenda di Gesù, come in Gv 12,28-30[14]. In particolare è la

[10] Cf. J. ASHTON, *Comprendere il Quarto Vangelo*, Libreria Editrice Vaticana, Città del Vaticano 2000, 361-381.

[11] L'espressione è di C.H. DOOD, *L'Interpretazione del Quarto Vangelo*, Paideia, Brescia 1974, 365. Palinuro spiega in questi termini la felice intuizione di Dood: «un'apocalisse cioè non più velata dalla spessa coltre di rivelazioni oniriche e simboliche, ma un'apocalisse storicizzata, una rivelazione in cui l'eterno non è più parallelo al tempo ma si mescola con esso», M. PALINURO, *«Tu chi sei?». Le autorivelazioni di Cristo nel Vangelo di Giovanni*, Città Nuova, Roma 2010, 113.

[12] Cf. *ib.*, 95-104.

[13] Su questa linea si muoverà anche l'autore dell'Apocalisse, considerando l'Agnello ritto come immolato l'unico capace di dissigillare il rotolo in mano a Dio e, quindi, di fornire la chiave di lettura della storia, cf. C.H. DOOD, *Quarto Vangelo*, 185-193.

[14] Palinuro si rifà alle considerazioni di Y.M. Lotman, che individua nella presentazione di una cornice narrativa e nella fusione ininterrotta di due storie distinte nella trama del racconto, le principali tecniche usate dagli autori di novelle per amalgamare due livelli narrativi. Cf. Y.M. LOTMAN, *The Text within Text*, in «Proceedings of the Modern Language Association» 109 (1994) 377-384.

presentazione iniziale del Logos come rivelatore del Dio invisibile a mettere tutta la narrazione evangelica sotto la dimensione apocalittica.

I dati messi in rilievo sono utilissimi per elaborare una visione convergente di profezia e apocalittica nel Quarto Vangelo che è specifica declinazione del rapporto fra cristologia e pneumatologia.

In primo luogo va rilevata la sintesi nella figura di Gesù di Nazaret di protologia ed escatologia, di metastoria e storia, di divinità e umanità. Su questo impianto si innerva la cosiddetta cristologia dell'inviato plenipotenziario del Padre, principalmente focalizzata sul Rivelatore escatologico[15]. Gesù è presentato e si presenta come il Mediatore definitivo di Dio in forza del suo rapporto di figliolanza con il Padre.

L'escatologico si definisce anche in relazione al giudizio presente nella presa di posizione verso Gesù. Va da sé che la polemica del Quarto Vangelo contro l'apocalittica giudaica su cui diversi autori si sono concentrati non annulla i dati rilevati, ma si dispiega proprio attorno ad essi: il Figlio come rivelatore escatologico è anche l'unico che sia disceso dal cielo e che si ponga come garante della relazione fra Dio e l'uomo. D'altra parte la forma di questa mediazione è a sua volta unica, in quanto avviene nella carne del Logos e, dunque, nella storicità dell'evento Cristo. La concentrazione cristologica produce inevitabilmente un atteggiamento di distanza da altre pretese rivelazioni legate a personaggi vari presenti o passati che siano. Possiamo dire che la tradizione apocalittica giovannea confligge consapevolmente con quelle tardogiudaiche, ad essa precedenti o contemporanee, semplicemente perché l'escatologico è esattamente la persona di Gesù. In Giovanni più che di *escaton* si deve, dunque, parlare di *Escatos*.

D'altra parte la cristologia giovannea è strettamente connessa alla pneumatologia, principalmente proprio sul tema della rivelazione in relazione alla quale lo Spirito prosegue l'opera del Figlio.

---

[15] Ci pare corretta l'osservazione di G. Gaeta: «la categoria teologica che nel Quarto Vangelo sembra definire più direttamente il ruolo profetico di Gesù è quella di "inviato del Padre"», G. GAETA, *Spirito profetico e Spirito di verità. Note esegetiche sul Vangelo di Giovanni*, in R. PENNA (ed.), *Il Profetismo da Gesù di Nazaret al montanismo. Atti del IV Convegno di Studi Neotestamentari (Perugia, 12-14 settembre 1991)*, EDB, Bologna 1993, 85-96.87.

In questo senso il rapporto Figlio-Spirito si definisce soprattutto in Gv 3,34-35 e nei detti sullo Spirito all'interno del discorso di addio, particolarmente Gv 14,15-26 e Gv 16,12-15.

Gv 3,34 pare essere una sorta di espressione programmatica: ὃν γὰρ ἀπέστειλεν ὁ θεὸς τὰ ῥήματα τοῦ θεοῦ λαλεῖ, οὐ γὰρ ἐκ μέτρου δίδωσιν τὸ πνεῦμα: «Infatti, Colui che Dio ha mandato, dice le parole di Dio, giacché dà lo Spirito senza misura».

A dire il vero il testo pone seri problemi di interpretazione in ordine a tre dati: il locutore, l'attribuzione teologica o cristologica del dono dello Spirito (a chi va riferito il verbo δίδωμι?), il significato di questo riferimento alla trasmissione dello Spirito.

L'ultimo locutore ad essere citato espressamente è il Battista. Per questa ragione si fronteggiano due ipotesi, cioè che il detto riportato in Gv 3,34 sia da riferire all'ultimo soggetto parlante espressamente indicato, che è Giovanni[16], o che sia da attribuire a Gesù. In tal caso la mancanza di una formula introduttiva può essere legata a questioni redazionali[17]. A prescindere da questa attribuzione quel che appare più rilevante è che il contesto mette in risalto il Figlio come Colui che viene dall'alto e che, dunque, qui è presentato come rivelatore delle parole di Dio e agente del dono dello Spirito, tanto più che il versetto seguente presenta proprio il Figlio come plenipotenziario del Padre.

D'altra parte il dono "senza misura" dello Spirito è stato in genere legato al battesimo cristiano nella sua contrapposizione a quello del Battista[18]. Tuttavia, anche se il tenore generale del discorso a Nicodemo in cui il passo è inserito giustificherebbe questa lettura, l'affermazione appare anche connotata in rapporto alla rivelazione delle parole divine.

In sostanza, pur senza negare il riferimento contestuale al battesimo, mi pare che qui si evidenzi principalmente una catena di relazioni nella rivelazione Padre, Figlio, Spirito, che fa di questo passo come l'orizzonte in cui si inserisce tutta la dinamica relazionale specifica Figlio-Spirito, compreso l'elemento "profetico", la cui caratterizzazione è evidenziata in termini di *plus* rispetto alla profezia antica. Il riferimento quantitativo della

---

[16] In alternativa è stato proposto il Battista, come ritiene fra gli altri G. Gaeta in *ib.*, 87.
[17] Cf. R.E. BROWN, *Giovanni*, Cittadella, Assisi 1991^3, 211-212.
[18] Cf. *ib.*, 214.

litote, οὐ γὰρ ἐκ μέτρου, "abbondantissimo", "in maniera infinita"[19], in realtà è propriamente qualitativo, cioè identitario: si tratta della caratterizzazione della profezia cristiana come pienezza inedita del carisma profetico.

Nei discorsi di addio il tema abbozzato al capitolo 3, torna in riferimento alla complementarietà dell'azione del Figlio e dello Spirito, ed esplicitamente nella specifica declinazione della rivelazione.

Vi è innanzitutto Gv 14,26: ὁ δὲ παράκλητος, τὸ πνεῦμα τὸ ἅγιον, ὃ πέμψει ὁ πατὴρ ἐν τῷ ὀνόματί μου, ἐκεῖνος ὑμᾶς διδάξει πάντα καὶ ὑπομνήσει ὑμᾶς πάντα ἃ εἶπον ὑμῖν [ἐγώ]: «Il Paraclito, lo Spirito Santo che il Padre manderà nel mio Nome, proprio Lui vi insegnerà ogni cosa e vi ricorderà tutto ciò che io vi ho detto». Qui lo Spirito è inviato dal Padre, ma nel Nome di Gesù. Il riferimento al Nome va visto sia in relazione all'unione del Padre e del Figlio nell'invio dello Spirito, sia nelle sue conseguenze, cioè nella prosecuzione della missione di Gesù in quella dello Spirito[20]. Egli insegnerà ogni cosa non nel senso quantitativo, quasi si trattasse di un'aggiunta rispetto a quel che Gesù ha detto, ma in ordine alla comprensione delle sue parole[21]. Il Paraclito, dunque, appare come l'interprete autorizzato da Gesù[22], che rende pienamente intellegibili le sue parole e che in questo modo compie la missione rivelatrice di Gesù.

Il secondo richiamo al tema è in Gv 16,12-15:

Ἔτι πολλὰ ἔχω ὑμῖν λέγειν, ἀλλ' οὐ δύνασθε βαστάζειν ἄρτι ὅταν δὲ ἔλθῃ ἐκεῖνος, τὸ πνεῦμα τῆς ἀληθείας, ὁδηγήσει ὑμᾶς ἐν τῇ ἀληθείᾳ πάσῃ· οὐ γὰρ λαλήσει ἀφ' ἑαυτοῦ, ἀλλ' ὅσα ἀκούσει λαλήσει καὶ τὰ ἐρχόμενα ἀναγγελεῖ ὑμῖν. ἐκεῖνος ἐμὲ δοξάσει, ὅτι ἐκ τοῦ ἐμοῦ λήμψεται καὶ ἀναγγελεῖ ὑμῖν. πάντα ὅσα ἔχει ὁ πατὴρ ἐμά ἐστιν διὰ τοῦτο εἶπον ὅτι ἐκ τοῦ ἐμοῦ λαμβάνει καὶ ἀναγγελεῖ ὑμῖν: «Ho ancora molte cose da dirvi, ma per adesso non potete sopportane (il peso). Quando verrà Lui, lo Spirito di verità, vi guiderà a tutta la verità, giacché non parlerà da se stesso, ma dirà quelle cose che ha udito e vi annuncerà anche quelle a venire. Egli mi glorificherà, perché prenderà del mio e ve lo

---

19 Cf. F. BLASS-A. DEBRUNNER, *Grammatica del greco del Nuovo Testamento*, Paideia, Brescia 1997^2, 605-606.

20 Cf. R.E. BROWN, *Giovanni*, 787.

21 Cf. *ib.*, 784.

22 X. LÉON-DUFUR, *Lettura dell'evangelo secondo Giovanni*, III, Edizioni San Paolo, Cinisello Balsamo 1995, 154.

annuncerà. Tutto quanto il Padre possiede è mio. Per questo ho detto che prenderà del mio e ve lo annuncerà».

Il testo è particolarmente denso. L'opera di Gesù vi è intesa come missione aperta e, di conseguenza, l'azione dello Spirito di verità come realtà legata al passato, cioè alla rivelazione del Cristo, ma anche protesa verso il futuro (Egli deve annunziare le cose che verranno). Ne deriva una visione nuova della profezia come realtà radicata nella missione di Cristo. A tal proposito vale quel che afferma X. Léon-Dufur: «Il "parlare" dello Spirito, la sua comunicazione, ha origine in Gesù glorificato. Così lo Spirito della verità e il Figlio certamente sono "due", ma sono "uno" nel loro agire»[23]. Nel passo in questione, il punto di congiuntura è dato dal verbo λαλέω, che fa da sfondo alla contrapposizione: οὐ γὰρ λαλήσει ἀφ' ἑαυτοῦ - ἐκ τοῦ ἐμοῦ (2 xx) con i verbi λαλμβάνω e ἀναγγέλλω.

Viene alla luce una sorta di statuto della profezia cristiana nella comunità giovannea.

Posto che Gesù è il rivelatore definitivo del Padre, tutta la sua missione è un'apocalisse che si compie nella storia. L'azione dello Spirito, a sua volta, si pone come prolungamento della rivelazione del Cristo. D'altra parte il tema del mandato si trasferisce dalla cristologia alla pneumatologia, in una catena di relazioni che rende attuale e sempre presente la parola divina.

Gli eventi pasquali definiscono il compiersi del dono dello Spirito, così come promesso nei discorsi di addio. Gv 19,30 mette insieme il tema del compimento, nella parola ultima di Gesù Crocifisso, con la trasmissione dello Spirito: παραδίδομι + πνεῦμα. Quasi in maniera speculare nel cenacolo la sera di Pasqua, l'effusione dello Spirito da parte del Risorto è legata al tema del ricevere.

Il carisma profetico nella comunità cristiana come continuazione della missione del Verbo, in definitiva, è legato all'annuncio del capitolo 3 e al compimento degli eventi pasquali. Esso è come innervato sull'opera del Cristo, in sé compiuta proprio nell'effusione dello Spirito, e ne diventa prolungamento ed espressione nella storia.

---

[23] *Ib.*, 294.

2.2. Le lettere

Delle tre lettere tradizionalmente legate al nome di Giovanni, è la prima quella in cui maggiormente si coglie l'articolazione dell'innovazione apocalittica della profezia nelle comunità giovannee.

A prescindere dalla strutturazione complessiva dello scritto, che è questione che divide i commentatori[24], non si può negare la relazione fra 1 Gv 2,18-27 e 1 Gv 4,1-6, che appaiono i testi più espliciti sul tema della profezia all'interno della comunità destinataria. Il rapporto è evidente sul piano lessicale, e, dunque tematico.

1 Gv 2,18-27 prende avvio da quello che suona come un vero e proprio annuncio escatologico-apocalittico. Il tema iniziale è quello della presenza dell'ultima ora: ἐσχάτη ὥρα ἐστίν: «È l'ultima ora».

L'espressione non ha paralleli nella letteratura biblica, ma si muove all'interno di un *background* ben attestato che esprime variamente in termini "cronologici" la realtà escatologica. Di "fine dei giorni" o "tempo della fine" si parla in Dn 4,31; 8,17 e Mi 4,1[25], così come anche in CD 4,4 per indicare eventi futuri di cui, però, la comunità già partecipava. Nel NT si parla con una certa frequenza di ἐσχάται ἡμέραι: «ultimi giorni» in riferimento agli eventi finali del giudizio. Il lemma si trova in 2 Tm 3,1; 2 Pt 3,3; Gc 5,3, mentre nel Quarto Vangelo è attestato al singolare in rapporto alla resurrezione dei morti (cf. Gv 6,39.40.44.54; 11,24) e al giudizio (cf. Gv 12,48). 1Pt 1,5, invece, cita il καιρός ἔσχατος: «l'ultimo tempo».

Il tema dell'ora adattato agli eventi ultimi, a sua volta, è presente nella tradizione sinottica, in particolare in Mt 24,44; 25,13, dove è posto in relazione alla venuta del Figlio dell'uomo, e diventa elemento portante della narrazione giovannea in ordine agli eventi pasquali che compiono la missione di Gesù.

L'autore della 1 Gv, dunque, si inserisce nell'alveo delle tradizioni apocalittiche con originalità di linguaggio, in primo luogo facendo riferimento alle situazioni che stanno

---

[24] La problematicità della questione è messa in evidenza da H.J. KLAUCK, *Lettere di Giovanni*, Paideia, Brescia 2013, 40-45.

[25] לִקְצָת יוֹמַיָּה, Dn 4,31; עֶת־קֵץ, Dn 8,17; בְּאַחֲרִית הַיָּמִים, Mi 4,1.

caratterizzando la vita della comunità. Il presente ἐστίν a riguardo è particolarmente eloquente e, d'altra parte, proprio l'esplicita menzione dell'ultima ora sembrerebbe indicare la prossimità degli eventi che la connotano[26].

In questa dialettica ha particolare rilevanza la figura dell'anticristo[27]. Il termine ἀντίχριστος nella 1 Gv ricorre in 2,18.22 e 4,3. Altrove si trova unicamente in 2 Gv 7, dove se ne spiega il significato in ordine ai seduttori venuti nel mondo che non confessano che Gesù è venuto nella carne. Essi sono definiti come πλάνοι, "menzogneri", "ingannatori", e sono identificabili con persone che esercitano una qualche attività di predicazione pseudoprofetica.

La denominazione è, dunque, un *hapax* della 1-2 Gv rispetto alla letteratura biblica e intertestamentaria[28], ma pare comunque doversi legare a un ambito tradizionale, attestato in Mc 13,14; 2 Tess 2,1-2 e soprattutto Ap 13, in cui convergono molteplici istanze mitologiche antagoniste di Dio: le varie versioni del mostro marino (cf. Is 51,9; Sal 74,13-14; Gb 26,12), l'avversario angelico o il *Satan* (cf. Gb 1,6; Zc 3,1), il falso profeta (cf. Dt 18,20).

D'altra parte la preposizione ἀντί può indicare l'idea di sostituzione, "al posto di...", anche nei termini negativi di una cosa falsa che prende il posto della vera, declinandosi, conseguentemente, in termini di contrapposizione. Come rileva R.E. Brown, si potrebbe anche accostare il senso della parola usata in ambito giovanneo al sostantivo *pseudochristos*, presente nei Sinottici (cf. Mc 13,32; Mt 24,24)[29]. In effetti il testo pare concentrasi proprio su questa storicizzazione dell'opposizione al Cristo in una linea dottrinale sostenuta da un gruppo secessionista che sta minando l'adesione di diversi membri della comunità alla verità.

In tal senso ci indirizza 1 Gv 2,26-27, in cui la contrapposizione si sposta dal livello cristologico a quello pneumatologico. La conclusione della pericope si gioca tutta sulle opposizioni: "coloro che vi sviano" - "il crisma che avete ricevuto da lui"; "non avete bisogno che alcuno vi ammaestri" - "il suo crisma vi ammaestra"; "(esso) è verità e non è

---

[26] Cf. J. PAINTER, *1,2 and 3 John*, The Liturgical Press, Collegeville 2002, 197.

[27] Cf. J. BEUTLER, *Le Lettere di Giovanni. Introduzione, versione e commento*, EDB, Bologna 2009, 71.

[28] Il termine potrebbe essere stato coniato dalla scuola giovannea, cf. R.E. BROWN, *Lettere di Giovanni*, Cittadella, Assisi 2000², 463.

[29] Cf. *ib.*, 463.

menzogna". Il riferimento al "crisma" era già apparso al v. 20: ὑμεῖς χρῖσμα ἔχετε ἀπὸ τοῦ ἁγίου: «Voi avete il crisma dal Santo», dove la denominazione di "Santo" potrebbe riferirsi a Dio ovvero più probabilmente al Cristo, dato che al v. 27 l'espressione parallela τὸ χρῖσμα ὃ ἐλάβετε ἀπ' αὐτοῦ: «Il crisma che avete ricevuto da Lui», è da collegare alla promessa della vita eterna, menzionata al v. 25, fatta da αὐτός, cioè dal Cristo[30].

R.E. Brown nota che gli asserti relativi al "crisma" nella 1 Gv sono sovrapponibili a quelli che nel Quarto Vangelo riguardano il Paraclito[31]:

> 1 Gv 2,27: relativamente ai membri della comunità cui è indirizzato lo scritto dice che: «avete ricevuto il crisma da parte sua» in contesto di contrapposizione con i secessionisti, espresso dal καὶ avversativo che introduce l'espressione;
> Gv 14,17 afferma che il mondo non può ricevere lo Spirito di verità.
>
> In 1 Gv 2,27 è detto che il crisma dimora/rimane presso i membri della comunità (μένει ἐν ὑμῖν);
> in Gv 14,17 si afferma che lo Spirito rimane nei discepoli (παρ' ὑμῖν μένει).
>
> Sempre in 1 Gv 2,27, con un'espressione piuttosto ostica, è detto che il crisma insegna ogni cosa (τὸ αὐτοῦ χρῖσμα διδάσκει ὑμᾶς περὶ πάντων);
> In Gv 14,26 con linguaggio corrispondente, la stessa cosa è detta del Paraclito: ἐκεῖνος ὑμᾶς διδάξει πάντα.

A questa intuizione di Brown, aggiungerei il fatto che se il testo della 1 Gv parla di "crisma"/"unzione" piuttosto che direttamente di Spirito, è probabilmente per la volontà di riferirsi polemicamente a un elemento sensibile che contrasta con le idee spiritualiste attribuibili ai secessionisti.

Questo dato è interessante per mettere in luce anche nella 1 Gv la relazione profonda tra l'azione del Cristo e quella del suo Spirito in ordine alla rivelazione della verità. Nel giudaismo il rapporto fra lo Spirito divino e la conoscenza della verità è tema a sua volta escatologico. Il riferimento a Dio che ammaestra ogni uomo nella via della verità si trova già in Ger 31,34. Analoga è la promessa dell'effusione dello Spirito su ogni uomo,

---

[30] Cf. *ib.* 481; H.J. KLAUCK, *Lettere di Giovanni*, 196.

[31] Cf. R.E. BROWN, *Lettere di Giovanni*, 479-480. Sulla stessa linea interpretativa si pone H.J. KLAUCK, *Lettere di Giovanni*, 197.

annunziata in Gl 3,1-5. In Gv 6,45 Gesù stesso fa riferimento a questo tema, citando Is 54,13: ἔστιν γεγραμμένον ἐν τοῖς προφήταις καὶ ἔσονται πάντες διδακτοὶ θεοῦ: «È scritto nei profeti: "Saranno tutti istruiti da Dio"».

Ci muoviamo anche in questo caso nell'orizzonte di un'escatologia realizzata, in cui il riferimento all'azione dello Spirito come maestro di verità, lo presenta come guida della comunità e del credente. D'altra parte appare evidente che questa azione di insegnamento attivata dallo Spirito si struttura anche nella 1 Gv, come già nel Quarto Vangelo, sul rapporto fra passato-presente-futuro. Il riferimento al passato è dato dalla rilevanza accordata alla tradizione, quello al presente dal fatto che l'azione di istruzione dello Spirito si innesta nel vissuto della comunità, quello al futuro è evidente nella conclusione della pericope sul tema della promessa della vita eterna. H.J. Klauck non usa mezzi termini nel dire che: «L'autore della lettera si è evidentemente ispirato al modello del Paraclito nei discorsi di commiato del vangelo di Giovanni in cui questo contrasto si dissolve in un'unità maggiore. Il Paraclito annuncia il futuro senza perdere il legame con il passato (cf. Gv 16,13-15)»[32].

I successivi vv. 2,28-29[33] e 3,1-3[34] marcano questa riserva escatologica, i primi sul piano della parusia del Signore e i secondi su quello antropologico/ecclesiologico, cioè della vita del credente, in rapporto alla figliolanza divina già data ma ancora da manifestarsi in pienezza.

Si muove su un orizzonte segnato dai tempi escatologici, ormai giunti ma che al tempo stesso proiettano l'esperienza di fede della comunità nell'orizzonte del non ancora, anche la questione della distinzione fra vera e falsa profezia in 1 Gv 4,1-6.

La delimitazione del brano è evidenziata dall'inclusione tra il v. 1 e il v. 6 determinata dalla presenza, in entrambi i versetti, del sostantivo πνεῦμα[35]. Inoltre, proprio la

---

[32] *Ib.*, 194.

[33] In questi versetti la parusia è colta come l'evento escatologico per eccellenza, dalla duplice valenza cristologica e antropologica (l'essere giudicati). La presenza del termine tecnico è particolarmente rilevante, dato che si tratta dell'unica occorrenza giovannea sulle 24 del NT.

[34] L'orizzonte è quello della figliolanza divina come dono esteso a tutti i credenti, anche qui in un rapporto dialettico tra il già e il non ancora, cui sono ricondotti i concetti di somiglianza con Dio e visione di Dio, legati da un rapporto di causalità del primo sul secondo.

[35] v. 1: παντὶ **πνεύματι** πιστεύετε ἀλλὰ δοκιμάζετε τὰ **πνεύματα**; v. 6: τὸ **πνεῦμα** τῆς ἀληθείας καὶ τὸ **πνεῦμα** τῆς πλάνης.

concentrazione del termine, che in questi versetti si trova ben sette volte[36], evidenzia l'unità della pericope e la sua coerenza tematica con l'ammonizione iniziale[37]: μὴ παντὶ πνεύματι πιστεύετε ἀλλὰ δοκιμάζετε τὰ πνεύματα: «Non credete ad ogni ispirazione, ma saggiate le ispirazioni».

La questione di fondo è marcata dal verbo δοκιμάζω, "mettere alla prova", "saggiare", in relazione alla contrapposizione con gli eretici e, quindi, agli pseudoprofeti[38]. In sostanza questo dato appare come una declinazione delle pretese dei secessionisti che rivendicano il fondamento divino della loro predicazione.

A dire il vero all'interno della pericope la definizione del significato del termine chiave πνεῦμα si presenta particolarmente problematica[39]. Vi è certamente attestato il senso teologico nei sintagmi τὸ πνεῦμα τοῦ θεοῦ, al v. 2, e τὸ πνεῦμα τῆς ἀληθείας al v. 6 cui è contrapposto τὸ πνεῦμα τῆς πλάνης.

Le altre quattro occorrenze di πνεῦμα sono strettamente legate dagli espedienti retorici utilizzati dall'autore.

---

[36] In totale il sostantivo in 1 Gv è presente 11 volte. Le altre ricorrenze del termine nella lettera si trovano in 1 Gv 3,24; 4,13; 5,6.8.

[37] Se non fa problema la delimitazione del brano, è però messa in discussione la sua collocazione all'interno della struttura della lettera. Secondo Beutler la pericope è legata alla seconda parte dello scritto, che individua in 1 Gv 2,28-4,6, cf. J. BEUTLER, *Lettere di Giovanni*, 17. Secondo Klauck, invece essa apre la sezione che si estende fino a 1 Gv 5,12, cf. H.-J. KLAUCK, *Lettere di Giovanni*, 259.

[38] Secondo J. Beutler, però, il brano e, dunque, la menzione degli "spiriti" e degli "pseudoprofeti", non implica un'effettiva allusione all'esercizio della profezia nella comunità, cf. J. BEUTLER, *Lettere di Giovanni*, 99. In senso opposto si muovono, fra gli altri, M.E. BORING, *Continuing Voice of Jesus: Christian Prophecy and the Gospel Tradition*, J. Knox Press, Louisville 1991, 77-78, e D. MOODY SMITH, *Le lettere di Giovanni*, Claudiana, Torino 2009, 109-110. A nostro avviso la questione non è fondata perché annuncio e profezia appaiono realtà convergenti e la predicazione autentica è percepita come esercizio della vera profezia.

[39] H.-J. Klauck mette in rapporto questa difficoltà con le diverse declinazioni semantiche del termine all'interno del brano, cioè con i tre diversi livelli di comprensione, teologico, demologico e antropologico, cui esso può ricondursi. In questo senso l'esegeta afferma: «Gli spiriti che devono essere valutati sulla base della loro origine sono, in poche parole, individuazioni dello spirito di Dio o dell'avversario, dell'influenza che come forza ispiratrice essi esercitano di volta in volta sul singolo», H.-J. KLAUCK, *Lettere di Giovanni*, 263. Su questo versante si pone anche R. Brown, il quale già sul v. 1 sostiene che l'autore: «sta pensando a due spiriti, divino e diabolico, che si manifestano nel comportamento umano e, in particolare, si manifestano in confessioni di fede vere e false, come egli chiarirà nei vv. 2-3. Una confessione vera viene dallo Spirito di Dio; una confessione erronea indica non solo l'assenza dello Spirito, ma anche la presenza del malvagio spirito di inganno», R. BROWN, *Lettere di Giovanni*, 664-665. In maniera più generica, coerentemente col carattere divulgativo del suo commentario, W. Thüsing afferma: «Nella concezione della 1 Gv, ma anche di tutto il resto del Nuovo Testamento, cf. 1 Cor 12, gli uomini che annunciano un messaggio religioso sono al servizio di uno spirito», W. THÜSING, *Le tre lettere di Giovanni*, Città Nuova, Roma 1972, 132. Sul v. 1, invece, J. Schneider pensa soprattutto alla valenza antropologica del termine, cf. J. SCHNEIDER, *Die KrichenBriefe des Jakobs, Petrus, Judas und Johannes*, Vandenhoeck & Ruprecht, Göttingen 1961^{9}, 171.

Nell'ammonizione il termine è inserito all'interno della struttura chiastica:

A. μὴ παντὶ **πνεύματι** B. <u>πιστεύετε</u> ἀλλὰ B'. <u>δοκιμάζετε</u> A'. τὰ **πνεύματα**.

L'elemento A., grazie all'aggettivo πᾶν, è agganciato alle due espressioni contrapposte πᾶν πνεῦμα ὃ ὁμολογεῖ Ἰησοῦν Χριστὸν ἐν σαρκί: «Ogni spirito che confessa Gesù Cristo nella carne» e πᾶν πνεῦμα ὃ μὴ ὁμολογεῖ τὸν Ἰησοῦν: «Ogni spirito che non confessa Gesù».

In questi passi, dunque, il termine ha lo stesso significato e la lettura più probabile è quella metonimica, secondo cui con παντὶ πνεύματι e τὰ πνεύματα si intendono le ispirazioni e i fenomeni "spirituali" a esse connesse[40]. Il rapporto origine-effetto, d'altra parte, è sottolineato dall'insistenza della preposizione ἐκ sia al v. 1 sia ai vv. 2-3 (si veda il nesso fra πᾶν πνεῦμα e i due lemmi ἐκ τοῦ θεοῦ ἐστιν e ἐκ τοῦ θεοῦ οὐκ ἔστιν). In sostanza in questi due passi, il termine πνεῦμα può indicare lo stato di ispirazione in senso generico e le manifestazioni profetiche che ne derivano.

L'esito dell'argomentazione è la distinzione fra chi appartiene a Dio e chi, invece, è del mondo. Siamo, evidentemente, in un contesto di crisi della comunità cristiana, nella quale ogni credente deve saper individuare la vera parola divina profeticamente annunziata.

Il criterio di giudizio è la cristologia, che rimane inscindibilmente legata all'Incarnazione.

In 1 Gv 5,6-8, infatti, si rinvia alla pienezza del mistero di Cristo, "testimoniata" dallo Spirito: οὗτός ἐστιν ὁ ἐλθὼν δι' ὕδατος καὶ αἵματος, Ἰησοῦς Χριστός, οὐκ ἐν τῷ ὕδατι μόνον ἀλλ' ἐν τῷ ὕδατι καὶ ἐν τῷ αἵματι· καὶ τὸ πνεῦμά ἐστιν τὸ μαρτυροῦν, ὅτι τὸ πνεῦμά ἐστιν ἡ ἀλήθεια. ὅτι τρεῖς εἰσιν οἱ μαρτυροῦντες τὸ πνεῦμα καὶ τὸ ὕδωρ καὶ τὸ αἷμα, καὶ οἱ τρεῖς εἰς τὸ ἕν εἰσιν: «Questi è Colui che è venuto con acqua e sangue, Gesù Cristo, che non è venuto solo con l'acqua, ma con l'acqua e con il sangue, ed è lo Spirito che è il testimone, poiché lo Spirito è la verità. Infatti tre sono i testimoni, lo Spirito, l'acqua e il sangue e questi tre sono uno».

---

[40] In questo senso su 1 Gv 4,1 si esprime B. Vawter: «I fenomeni spirituali che appaiono nella Chiesa non devono essere valutati in base alle loro appartenenze esteriori [...]. I fenomeni vanno accuratamente esaminati in modo da essere certi che non diano ansa a false profezie», B. VAWTER, *Le epistole giovannee*, in R.E. BROWN - J.A. FITZMYER - R.E. MURPHY (edd.), *Grande Commentario Biblico*, Queriniana, Brescia 1973, 1353-1365.1361. Per l'interpretazione di πνεῦμα in 1 Gv 4,1 come "ispirazione" si veda anche G. VIGINI, *Lettere di Giovanni e Apocalisse. Con testo e note di commento a fronte*, Edizioni Paoline, Milano 1998, 406.

Vera profezia, dunque, è unicamente quella che attesta la venuta del Cristo con acqua e sangue, binomio probabilmente contrapposto a una certa visione proto-doceta che annulla il riferimento alla sofferenza di Gesù e, pertanto, la piena assunzione dell'umanità da parte del Logos.

Più che una polemica antiapocalittica, nella 1 Gv va dunque colta una critica allo spiritualismo degli pseudoprofeti secessionisti. Chiaramente, però, tutto questo porta a una rilettura delle categorie apocalittiche, che nei capitoli successivi (4-5) si apre a un puntuale insegnamento sulla carità fraterna.

2.3. L'Apocalisse

Nell'Apocalisse il sostantivo πνεῦμα (ventiquattro ricorrenze) assume diverse valenze: teologico, angelico, demoniaco, antropologico. Nei messaggi alle Chiese (cf. Ap 2,7.11.17.29; 3,6.13.22) e nell'epilogo (cf. Ap 22,17) esso, indubitabilmente, ha valenza teologica[41]. Su questa linea è stata anche letta la menzione dei sette spiriti in Ap 1,4; 3,1; 4,5; 5,6[42], ma io sarei più propenso a legarla alla visione tradizionale degli Angeli gerarchicamente superiori, che stanno alla presenza di Dio[43]. Nell'ambito demoniaco si collocano, invece, il riferimento allo "spirito" che anima il simulacro della bestia (cf. Ap 13,15) e quello agli spiriti impuri (cf. Ap 16,13-14; 18,2b). Infine, se in Ap 11,11 il termine va inteso in senso antropologico, indicando il soffio vitale infuso nei corpi dei due profeti-martiri per risuscitarli, ben più complessa è la questione dell'espressione ἐγενόμην ἐν πνεύματι di Ap 1,10; 4,2, che esprime la condizione in cui il veggente recepisce la rivelazione. Il lemma ἐν πνεύματι è presente anche in Ap 17,3 e Ap 21,10. Questo gruppo di testi è omogeneo sia dal punto di vista sintattico che da quello della funzione narrativa[44].

---

[41] La valenza teologica è pure da attribuire all'inciso di Ap 14,13: Ναί, λέγει τὸ πνεῦμα, ἵνα ἀναπαήσονται ἐκ τῶν κόπων αὐτῶν, τὰ γὰρ ἔργα αὐτῶν ἀκολουθεῖ μετ' αὐτῶν: «"Sì", dice lo Spirito, "Riposeranno dalle loro fatiche, perché le loro opere li seguiranno"».

[42] U. Vanni vi legge un riferimento allo Spirito divino e alla sua azione, cf. U. VANNI, *L'Apocalisse. Ermeneutica, esegesi, teologia*, EDB, Bologna 1991, 184-188.

[43] Mi si consenta di citare il mio *L'Angelo e Giovanni*, Cittadella, Assisi 2015, 231-236.

[44] Si tratta di passi caratterizzati dalla narrazione in prima persona. Vale la pena di sottolineare l'inserimento strategico della formula all'interno della struttura del libro, cioè in rapporto alle due visioni fondamentali (Ap 1,9-20 e Ap 4-5) e a quelle che costituiscono il *climax* della rivelazione (la distruzione di Babilonia e la discesa della Gerusalemme celeste).

In particolare nella prima ricorrenza ἐγενόμην ἐν πνεύματι è accostato a ἐγενόμην ἐν τῇ νήσῳ τῇ καλουμένῃ Πάτμῳ: «mi trovavo nell'isola di Patmos», allo scopo di sottolineare l'irruzione dell'evento rivelativo nella situazione ordinaria della permanenza di Giovanni a Patmos[45].

Si tratta di un'espressione con cui si indica lo Spirito divino che rapisce Giovanni, o piuttosto essa ha valenza antropologica e si riferisce al superamento della situazione fisica e corporea nel contatto straordinario con la trascendenza? Su questo dilemma i commentatori appaiono divisi, mentre in altro contesto ho ipotizzato una sorta di "scivolamento" del significato del termine πνεῦμα in senso metonimico causa-effetto dal senso teologico a quello di "ispirazione" profetica[46].

Ad ogni modo, oltre agli ambiti citati, certamente in Apocalisse il termine è collegato anche ad un contesto profetico. Se ne ha evidenza in due passi cruciali per la nostra questione, Ap 19,10: ἡ γὰρ μαρτυρία 'Ιησοῦ ἐστιν τὸ πνεῦμα τῆς προφητείας: «La testimonianza di Gesù è lo spirito di profezia» e Ap 22,6: ὁ κύριος ὁ θεὸς τῶν πνευμάτων τῶν προφητῶν ἀπέστειλεν τὸν ἄγγελον αὐτοῦ: «Il Signore Dio degli spiriti dei profeti ha inviato il suo Angelo».

Nel primo caso il nesso linguistico è inserito all'interno di una nota esplicativa (espressamente introdotta dal γάρ), in cui il genitivo 'Ιησοῦ può essere inteso sia in senso oggettivo sia soggettivo e parrebbe indicare che nella "testimonianza di Gesù" risiede l'essenza stessa dell'azione profetica[47].

---

45 Non condividiamo la traduzione fornita da U. Vanni di ἐγενόμην ἐν τῇ νήσῳ τῇ καλουμένῃ Πάτμῳ con: «mi trovai (trasportato) nell'isola denominata Patmos», U. VANNI, *Apocalisse*, 116. Questa traduzione, infatti, non tiene conto delle sfumature di significato assunte dal verbo e sminuisce l'effetto di contrasto voluto dall'autore fra la situazione negativa che caratterizza l'inizio del racconto e l'esperienza apocalittica che in modo imprevisto coinvolge il narratore.

46 Cf. S. PANZARELLA, *Ispirazione profetica e liturgia nell'esperienza apocalittica di Giovanni. L'espressione* ἐγενόμην ἐν πνεύματι *in Ap 1,10 e Ap 4,2*, in «Laurentianum» 56 (2015) 299-297.

47 La nota esplicativa di Ap 19,10 è una *crux interpretum*, in cui si incrociano questioni di carattere diacronico e sintattico. A partire dal commentario di Charles si è diffusa l'opinione che si tratti di un'aggiunta, cf. R.H. CHARLES, *A Critical and Exegetical Commentary on the Revelation of St. John*, II, T. & T. Clark, Edinburgh 1920, 130. Al livello sintattico il soggetto e il predicato possono essere invertiti rispetto all'ordine in cui sono presentati, cosicché τὸ πνεῦμα τῆς προφητείας sia inteso come soggetto e ἡ μαρτυρία 'Ιησοῦ come predicato, cf. J. MASSYNGBERDE FORD, *For the testimony of Jesus is the Spirit of prophecy (Rev 19,10)*, in «ITQ» 42 (1975) 284-291. La questione è legata anche alla valenza del genitivo nel sintagma ἡ μαρτυρία 'Ιησοῦ. Per il genitivo oggettivo cf. G. BIGUZZI, *Apocalisse*, Edizioni Paoline, Milano 2005, 332. Per il genitivo soggettivo cf. R. FILIPPINI, *La testimonianza nell'Apocalisse*, in «PdV» 45 (2000) 4,39-44.40.

"Dio degli spiriti dei profeti" è, a sua volta, una denominazione teologica con cui alla fine del racconto l'autore sintetizza, in termini di rivelazione profetica, la natura del messaggio escatologico consegnato a Giovanni e, per suo tramite, ai "servi" (cf. Ap 1,1).

Questi dati risultano particolarmente rilevanti in rapporto alla qualificazione dell'Apocalisse come scritto profetico che include l'intera narrazione della rivelazione: λόγους τῆς προφητείας: «parole profetiche» (Ap 1,3); λόγους τῆς προφητείας τοῦ βιβλίου τούτου: «parole profetiche di questo libro» (Ap 22,7.10.18); ἀπὸ τῶν λόγων τοῦ βιβλίου τῆς προφητείας ταύτης: «dalle parole del libro di questa profezia» (Ap 22,19). Il riferimento iniziale, per di più, giustifica il nesso fra la menzione del λόγος τοῦ θεοῦ in Ap 1,2, e il tema veterotestamentario della parola divina come evento rivelativo alla base della missione profetica.

La presentazione inclusiva del libro, contiene anche la precisa caratterizzazione del veggente Giovanni in termini profetici, sia a livello narrativo sia a livello linguistico.

All'interno del racconto due volte Giovanni riceve l'investitura di trasmettere quanto gli è concesso di vedere. Il primo caso è all'interno della visione inaugurale, in cui l'incarico è duplicato, presentandolo sia in senso generale sia in ordine alla forma scritta della comunicazione.

Ap 1,10a-11.19: ἤκουσα ὀπίσω μου φωνὴν μεγάλην ὡς σάλπιγγος λεγούσης· ὃ βλέπεις γράψον εἰς βιβλίον καὶ πέμψον ταῖς ἑπτὰ ἐκκλησίαις, εἰς Ἔφεσον καὶ εἰς Σμύρναν καὶ εἰς Πέργαμον καὶ εἰς Θυάτειρα καὶ εἰς Σάρδεις καὶ εἰς Φιλαδέλφειαν καὶ εἰς Λαοδίκειαν [...] γράψον οὖν ἃ εἶδες καὶ ἃ εἰσὶν καὶ ἃ μέλλει γενέσθαι μετὰ ταῦτα: «Sentii dietro di me una voce potente come tromba, che diceva: "Quel che vedi scrivilo in un libro e invialo alle sette Chiese, quella che è in Efeso, quella che è a Smirne, quella che è a Pergamo, quella che è a Tiatira, quella che è a Sardi, quella che è a Filadelfia e quella che è a Laodicea [...] Scrivi, dunque, ciò che hai visto, ciò che è e ciò che sta per avvenire dopo queste cose"».

Più articolata è la seconda scena di mandato, narrata al capitolo 10. Il brano si presenta come un'angelofania che è in realtà una cristofania, essendo l'Angelo possente che appare a Giovanni il Cristo stesso[48], di cui, dopo la descrizione dell'aspetto, si indica la potenza della parola: Καὶ ἔκραξεν φωνῇ μεγάλῃ ὥσπερ λέων μυκᾶται. καὶ ὅτε ἔκραξεν, ἐλάλησαν αἱ ἑπτὰ βρονταὶ τὰς ἑαυτῶν φωνάς: «E gridò a gran voce come un leone ruggente. E quando gridò, i sette tuoni parlarono con le loro voci».

Ci muoviamo già in un ambito simbolico mutuato dalla tradizione profetica, che a più riprese indica la forza della parola divina nei termini del ruggito di un leone. Così è in Os 11,10, Ger 25,30 e soprattutto in Am 1,2; 3.

L'incarico profetico propriamente detto è rappresentato ai vv. 8-10, con un linguaggio simbolico ripreso dalla grande visione di Ez 1-3. Come in quel contesto, infatti, l'investitura avviene attraverso il comando di mangiare un rotolo, riferimento alla consegna e all'interiorizzazione della parola divina da parte dell'eletto. L'indicazione viene eseguita con immediatezza e precede l'ultimo intervento verbale che esplicita il mandato profetico: Καὶ λέγουσίν μοι δεῖ σε πάλιν προφητεῦσαι ἐπὶ λαοῖς καὶ ἔθνεσιν καὶ γλώσσαις καὶ βασιλεῦσιν πολλοῖς: «E mi dicono: "Devi profetizzare ancora su molti popoli, nazioni, lingue e re"».

L'introduzione al plurale, καὶ λέγουσίν μοι, non rende chiaro il soggetto del comando di profetare, dato che potrebbe trattarsi dei sette tuoni, menzionati poco prima, oppure di una sorta di sovrapposizione con la voce dell'Angelo.

La scena è solenne e ripropone a livello celeste il mandato che prima Giovanni aveva ricevuto sul piano terreno, nel giorno domenicale. Sullo sfondo della validazione celeste dell'invio profetico di Giovanni, pare dunque collocarsi la specifica missione presso le sette Chiese, cui dev'essere comunicato il senso escatologico della storia della salvezza.

---

[48] L'identificazione cristologica di questo Angelo è sostenuta da diversi commentatori che hanno attirato l'attenzione sulla cristologia angelomorfa dell'Apocalisse, tra cui R.H. GUNDRY, *Angelomorphic Christology in the Book of Revelation*, in «SBLSP» 33 (1994) 662-678; P.R. CARRELL, *Jesus and the Angels. Angelology and Christology of the Apocalypse of John*, Cambridge University Press, Cambridge 1997; C.A GIESCHEN, *Angelomorphic Christology. Antecedents and Early Evidence*, Brill, Leiden 1998; H. ULFGARD, *In Quest of the Elevated Jesus: Reflections on the Angelomorphic Christology of the Book of Revelation within its Jewish Setting*, in M. MÜLLER - H. TRONIER (edd.), *The New Testament as reception*, Sheffield Academic Press, London - New York 2002, 120-130; M.R. HOFFMAN, *The Destroyer and the Lamb. The Relationship between Angelomorphic and Lamb Christology in the Book of Revelation*, J.C.B. Mohr (Paul Siebeck), Tübingen 2005. Alla questione della cristologia angelomorfa di Apocalisse ho dedicato interamente il mio *Visione del Cristo Angelo*, Cittadella, Assisi 2016.

Così caratterizzato l'incarico del veggente, non stupisce che nell'epilogo del libro lo stesso Risorto ne autentichi la missione presso le Chiese dandogli l'appellativo di "suo Angelo": Ἐγὼ Ἰησοῦς ἔπεμψα τὸν ἄγγελόν μου μαρτυρῆσαι ὑμῖν ταῦτα ἐπὶ ταῖς ἐκκλησίαις: «Io Gesù ho inviato il mio Angelo a testimoniarvi queste cose che riguardano le Chiese» (Ap 22,16a). Si intenda il termine come "messaggero", secondo una tradizione profetica attestata in rapporto al nome di Malachia, che significa semplicemente "messaggero di YHWH"[49], o alla designazione del Battista in Mt 11,10 (par. Mc 1,2; Lc 7,27) dove è applicata a Giovanni la citazione di Mal 3,1. Ancora più esplicito è il caso di Ag 1,13, in cui il profeta è detto: "Angelo del Signore"[50].

Viene dunque esplicitata una catena di relazioni che garantisce la validità del messaggio destinato alle Chiese e che ricalca propriamente la struttura dei processi di rivelazione-comunicazione profetica: affidamento della parola divina celeste all'eletto, recezione, comunicazione.

L'aspetto innovativo rispetto al modello veterotestamentario è, in primo luogo, l'elemento cristologico. Non solo esso è enunciato in maniera comprensiva all'inizio del libro: "Apocalisse/rivelazione fatta da Gesù Cristo", ma è anche drammatizzato nel doppio racconto di incarico, prima attraverso il ricorso alla categoria di "Figlio dell'uomo" e dopo con l'assunzione della metafora angelomorfa. In ultima istanza è ancora il Risorto a presentare la validità del messaggio trasmesso da Giovanni, denominandolo "suo messaggero". Il pronome possessivo evidenzia tutta la profondità della relazione che il Cristo stabilisce con il profeta Giovanni, come suo rappresentante presso le comunità.

---

[49] Il caso è particolarmente rilevante perché il sintagma non indica un nome proprio, ma una funzione profetica. D'altra parte all'interno di questo libro, il titolo torna in Mal 2,7 per il sacerdote e in Mal 3,1 per indicare un'altra figura eminente di mediatore. Il libro di Malachia, dunque, testimonia l'ampliamento della semantica del termine a figure terrene, profetiche e sacerdotali.

[50] Nel TM: חַגַּי מַלְאַךְ יְהוָה; nella LXX: Αγγαιος ὁ ἄγγελος κυρίου.

2.4. Alcune considerazioni conclusive

Pur nella differenziazione dello stile, delle problematiche che fanno da sfondo e, dunque, dell'interesse specifico che li contraddistingue, gli scritti del *corpus* giovanneo presentano un comune modello profetico, di cui tento ora di rintracciare le coordinate essenziali.

Lo schema rivelativo attestato nel Quarto Vangelo, nella 1 Gv e nell'Apocalisse è sostanzialmente identico. Affermando la fonte divina del messaggio rivelato, in ciascuno di questi scritti è altrettanto evidente la funzione centrale della mediazione cristologica.

Nel racconto evangelico, il Cristo è il Mandato dal Padre e ne è plenipotenziario e rivelatore. L'azione dello Spirito prolunga nel tempo quella del Figlio. Egli è l'altro Paraclito, che nel tempo guida la comunità alla piena comprensione della rivelazione data in Gesù. In tal senso la sua opera è subordinata a quella del Figlio, come, d'altra parte quella del Figlio appare in tutto dipendente dal Padre e dalla sua volontà. Dunque, nel Quarto Vangelo è proprio lo Spirito di verità il Profeta del Logos, così come il Logos è rivelazione e rivelatore del Padre.

Nella 1 Gv l'azione dello Spirito è chiaramente legata alle ispirazioni profetiche, di cui si rintraccia il necessario riferimento cristologico come criterio di autenticità.

L'Apocalisse ha una visione ancora più complessa dello schema rivelativo.

Innanzitutto, la rivelazione "di" Gesù Cristo, cioè a lui affidata da Dio e da lui trasmessa all'eletto Giovanni. Posto ciò per un verso il testo pone in subordine all'azione mediatrice del Cristo quella di Giovanni, e per un altro sovrappone in termini di attualità del messaggio rivelato la "testimonianza di Gesù" e "lo spirito/l'ispirazione di profezia".

In ogni caso dagli scritti del *corpus* giovanneo emerge chiaramente il fatto che le comunità cui essi erano destinati colgono nell'esperienza profetica il tratto determinante della loro identità e, prima ancora, la garanzia della perenne vitalità e attualità della parola del Cristo. D'altra parte ormai non v'è profezia senza il riferimento cristologico, quale evento escatologico e definitivo dell'agire salvifico di Dio.

Il Cristo *Escatos* e la sua presenza garantita dall'azione dello Spirito, dunque, pongono il cammino ecclesiale sotto la luce dell'escatologico, nel Quarto Vangelo certamente declinato nella dimensione del già ma non ancora e nell'Apocalisse più decisamente orientato verso la Parusia finale.

II PARTE
I SETTE MESSAGGI ALLE CHIESE COME ORACOLI PROFETICI

1. La visione inaugurale dell'Apocalisse tra immagine e parola

La cristofania che apre l'intero racconto apocalittico, come tutta la rivelazione a Giovanni, unisce elementi visivi e uditivi. Questi ultimi coincidono con la voce come tromba che costituisce il primo impatto della rivelazione sul destinatario, con il comando impartito al veggente di scrivere quanto gli viene mostrato e con l'intervento verbale dei vv. 17b-20, in cui il Cristo si presenta, per la seconda volta ordina a Giovanni di redigere un resoconto della visione e, infine, spiega il "mistero" delle stelle che egli tiene in mano e dei candelabri in mezzo ai quali appare.

La formula di autopresentazione è la prima di una sequenza che caratterizza l'inizio di ciascuno dei sette messaggi alle Chiese, orientando la concentrazione dell'attenzione del narratario sull'identità di Cristo. Peraltro, il v. 17b si apre con il pronome enfatico ἐγώ εἰμι, che aveva già caratterizzato la rivelazione teologica pochi versetti prima, in Ap 1,8, e che rinvia allo sfondo teologico veterotestamentario della santità del Nome divino manifestato a Mosè sul Sinai: ἐγώ εἰμι ὁ πρῶτος καὶ ὁ ἔσχατος καὶ ὁ ζῶν, καὶ ἐγενόμην νεκρὸς καὶ ἰδοὺ ζῶν εἰμι εἰς τοὺς αἰῶνας τῶν αἰώνων καὶ ἔχω τὰς κλεῖς τοῦ θανάτου καὶ τοῦ ᾄδου: «Io sono il Primo e l'Ultimo e il Vivente. Ero morto, ma ecco, sono vivo per i secoli dei secoli e ho le chiavi della morte dell'Ade».

Sia l'uso assoluto del pronome enfatico in senso teologico, sia quello con il predicato sono frequenti nell'AT e sono attestati in minor misura nella letteratura tardogiudaica, che frequentemente ne presenta varianti all'interno di angelofanie. Le forme più ricorrenti sono: אֲנִי יְהוָה[51] e אֱלֹהִים (יְהוָה) אָנֹכִי/אֲנִי (con il sostantivo אֱלֹהִים in stato assoluto o

[51] Cf. Gen 15,7; Es 6,2.6.8.29; 7,5.17; 8,18; 10,2; 12,12; 15,26; Lv 11,45; 19,12.14.16.18.28.30; 20,8; 21,12.15.23; 22,2.3.8.16.30.32.33; 25,38.55; Nm 3,13.41.45; Is 45,8.18.19; 49,26; 60,16.22; 61,8; Is 42,6; 43,15; 45,3.5.6; Ger 9,23; 17,10; 24,7; Ez 5,13; 6,7.10.14; 7,4.9.27; 11,10.12; 12,20.25; 28,23; 29,9.21; 30,8.19.25.26; 32,15; 33,29; 34,27; 35,4.9.12.15; 36,11.23; 37,6.13.28; 38,23; 39,6.7.

costrutto)[52] a cui si aggiunge il sintagma אֲנִי הוּא[53] che nel Deuteronomio e in Is 40-55 assume il valore della dichiarazione: «Io sono YHWH»[54].

Nella LXX a אֲנִי יְהוָה e a אָנֹכִי/אֲנִי (יְהוָה) אֱלֹהִים corrispondono: 'Εγώ εἰμι κύριος: «Io sono il Signore», con il solo sostantivo κύριος che traduce il tetragramma divino[55]; 'Εγὼ κύριος: «Io Signore», con l'elisione del verbo[56]; 'Εγώ εἰμι ὁ θεός: «Io sono Dio»[57], 'Εγώ ὁ θεός: «Io (sono) Dio»[58]; e infine l'espressione: 'Εγώ εἰμι κύριος ὁ θεός: «Io sono il Signore Dio»[59], che si trova anche senza il verbo[60]. Lo ἐγώ εἰμι è usato anche nella forma assoluta, cioè senza predicato, quando traduce il sintagma אֲנִי הוּא[61].

In tal modo proprio la presenza in Ap 1,8 e 21,6 di formule di autorivelazione teologica costitute dal pronome e da un predicato si inscrive in un dato tradizionale ampiamente attestato, come sostituzione o estensione della *sacra tetractis* con attributi a loro volta mutuati dalla tradizione ebraico-giudaica. In effetti nei due casi la qualificazione divina è costituita da merismi. Se ne trova uno nel primo passo, dove è prolungato da una formula tripartita a mo' di ampliamento della rivelazione sinaitica, mentre ve ne sono due dal significato equivalente nel secondo testo in questione:

---

[52] Cf. Gen 26,24; 28,13; Es 3,6; 16,12; 20,2; 29,46; Lv 11,44; 18,2.4.30; 19,2.3.4.10.25.31.34.36; 20,7; 23,22; 24,22; 25,17; 26,1.13.44; Nm 10,10; 15,41; Dt 5,9; Gdc 6,10; Is 41,13; 43,3; 48,17; 51,15; Ger 37,27; Os 12,10; 13,4; Gl 2,27; 4,17; Zc 10,6; Sal 81,11.

[53] Cf. Dt 32,39; Is 41,4; 43,10.25; 46,4; 51,12; 52,6.

[54] Cf. H. GRESSMANN, *Die Literarische Analise Deuterojsajas*, in «ZAW» 34 (1914) 254-297.287; P.B. HARNER, *The "I am" of the Fourth Gospel*, Fortress Press, Philadelphia 1970, 6-7; C.H. WILLIAMS, *I am He. The Interpretation of "Anî Hû" in Jewish and Early Christian Literature*, J.C.B. Mohr (Paul Siebeck), Tübingen 2000, 4-7.

[55] Cf. Es 7,5; 8,18; 15,26; Lv 11,45; 19,12.14.16.18.28.30; 21,23; 22,30; Is 45,8.18.19; 61,8; Ger 9,23; 24,7; Ez 7,6; 28,23; 29,9.21; 30,8.19.25.26; 32,15; 33,29; 34,27; 35,4.9.12; 36,11.23; 37,6.13.28; 38,23; 39,6.7.

[56] Cf. Es 6,2.6.8.29; 7,17; 10,2; 12,12; Lv 20,8; 21,12.15; 22,2.3.8.16.32.33; 25,38.55; Nm 3,13.41.45; Is 49,26; 60,16.22; Ger 17,10; Ez 5,13; 6,7.10.14; 7,8.27; 11,10.12; 12,20.25; 13,9

[57] Cf. Is 48,17.

[58] Cf. Gen 15,7; Is 41,13; Is 51,15.

[59] Cf. Es 20,2; 29,46; Lv 11,44; 19,10.12.14.16.25.28.31.32.34.36.37; 24,22; 25,17; 26,1.13.44; Ez 35,15; Sal 80,11.

[60] Cf. Es 16,12; Lv 18,2.4.5.30; 19,2.3.4; 20,7; 22,9; 23,22; Nm 10,10; 15,41; Dt 5,9; Gdc 6,10; Os 12,10; 13,4; Gl 2,27; 4,17; Zc 10,6; Mal 3,6; Is 42,6; 43,3.15; 45,3.5.6; Ger 39,27.

[61] Cf. Dt 32,39; Is 41,4; 43,10; 46,4; 43,25; 51,12.

Ap 1,8: Ἐγώ εἰμι τὸ ἄλφα καὶ τὸ ὦ λέγει κύριος ὁ θεός, ὁ ὢν καὶ ὁ ἦν καὶ ὁ ἐρχόμενος, ὁ παντοκράτωρ: «Io sono l'alpha e l'Omega, dice il Signore Dio, Colui che è, che era e che viene, il Pantocratore»[62];

Ap 21,6: ἐγώ [εἰμι] τὸ ἄλφα καὶ τὸ ὦ, ἡ ἀρχὴ καὶ τὸ τέλος: «Io Sono l'Alpha e l'Omega, il Primo e l'Ultimo».

I commentatori sono in buona parte concordi nel ritenere che in Apocalisse l'applicazione teologica dei due merismi abbia come antecendente le formule di autorivelazione divina di Is 44,6, legata alla polemica contro l'idolatria (cf. Is 44,6-20[63]), e di Is 48,12, che precede una dichiarazione sulla signoria cosmica di YHWH (cf. Is 48,13[64]):

Is 44,6 (TM):

כֹּה־אָמַר יְהוָה מֶלֶךְ־יִשְׂרָאֵל וְגֹאֲלוֹ יְהוָה צְבָאוֹת
אֲנִי רִאשׁוֹן וַאֲנִי אַחֲרוֹן וּמִבַּלְעָדַי אֵין אֱלֹהִים

«Così dice YHWH, re d'Israele e suo redentore, YHWH degli eserciti: "Io sono primo e io ultimo e non c'è Dio oltre me"».

Is 44,6 (LXX):

Οὕτως λέγει ὁ θεὸς ὁ βασιλεὺς τοῦ Ισραηλ ὁ ῥυσάμενος αὐτὸν θεὸς σαβαωθ ἐγὼ πρῶτος καὶ ἐγὼ μετὰ ταῦτα πλὴν ἐμοῦ οὐκ ἔστιν θεός:

«Così dice Dio, il re d'Israele, il suo redentore: "Io sono il primo e io sono dopo queste cose, oltre me non c'è Dio"».

[62] In epoca medio e tardogiudaica si diffonde il fenomeno di formule di autorivelazione divina legate al dispiegarsi del tempo, per cui l'autore dell'Apocalisse pare debitore di un dato tradizionale che si va sempre più assestando. In particolare si evidenzia la somiglianza fra TJI Dt 32,39 e Ap 1,4.8 sebbene nei due passi apocalittici il terzo membro della formula sia costituito dal participio presente di ἔρχομαι, piuttosto che da quello futuro del verbo εἰμί.

[63] La polemica contro l'idolatria è condotta in due momenti: Is 44,6-8 e Is 44,7-10. La prima sezione, introdotta dalla formula כֹּה־אָמַר יְהוָה: «Così dice YHWH», e dalla proclamazione dell'unicità di YHWH, contiene al v. 7 un'invettiva divina contro gli idoli e si conclude al versetto successivo con una rassicurazione rivolta al popolo. La seconda sezione, invece, è costituita da una polemica di YHWH contro i fabbricanti di idoli, che prende avvio con l'affermazione: יֹצְרֵי־פֶסֶל כֻּלָּם תֹּהוּ: «I fabbricanti di idoli sono tutti un nulla» (Is 44,9), e sviluppa una critica all'opera di costruzione di una statua nelle sue diverse fasi.

[64] Is 48,13:

אַף־יָדִי יָסְדָה אֶרֶץ וִימִינִי טִפְּחָה שָׁמָיִם קֹרֵא אֲנִי אֲלֵיהֶם יַעַמְדוּ יַחְדָּו

«Sì, la mia mano ha fondato la terra e la mia destra ha disteso i cieli, io li chiamo, si radunano insieme».

Is 48,12 (TM):

שְׁמַע אֵלַי יַעֲקֹב וְיִשְׂרָאֵל מְקֹרָאִי אֲנִי־הוּא אֲנִי רִאשׁוֹן אַף אֲנִי אַחֲרוֹן

«Ascoltami, Giacobbe e Israele, colui che io ho chiamato: "Io sono YHWH, io sono il primo e io sono l'ultimo"».

Is 48,12 (LXX):

Ακουέ μου Ιακωβ καὶ Ισραηλ ὃν ἐγὼ καλῶ ἐγώ εἰμι πρῶτος καὶ ἐγώ εἰμι εἰς τὸν αἰῶνα:

«Ascoltami Giacobbe e Israele che io chiamo: "Io sono primo e io sono per sempre"».

Il binomio רִאשׁוֹן-אַחֲרוֹן in effetti è identico nel significato ad Ap 1,8 e Ap 21,6, ma sorprendentemente il debito ai passi deuteroisaiani sembra più esplicito nelle formule di autorivelazione cristologica di Ap 1,17; 22,13, dove il predicato di ἐγώ εἰμι è costituito da πρῶτος, che la LXX usa in corrispondenza di רִאשׁוֹן, e dal termine ἔσχατος[65].

Già nell'apparizione inaugurale, dunque, le parole con cui il Risorto si presenta a Giovanni, a cominciare dall'uso del pronome enfatico[66], mettono in tutta evidenza lo *status* trascendete del Cristo, tanto più che in Ap 1,18, anche il terzo attributo, ὁ ζῶν, ha una matrice teologica, agganciandosi comunque al successivo riferimento pasquale con cui viene reinterpretato in chiave inequivocabilmente cristologica[67].

La ripresa di questi titoli, indica espressamente nel Cristo Risorto l'opera escatologica di Dio, la convergenza su di Lui del piano salvifico, e, dunque, la personalizzazione dell'escatologico, che Egli non semplicemente mette in atto come Mediatore definitivo dell'opera divina, ma incarna pienamente. Il merisma πρῶτος - ἔσχατος in Ap 1,17 esplicita, dunque, un dato rilevato nella tradizione delle Chiese giovannee all'interno del Quarto Vangelo.

---

[65] Per la dipendenza del merisma πρῶτος-ἔσχατος dai due passi profetici cf. D.E. AUNE, *Revelation*, I, 101; R. BAUCKHAM, *Teologia dell'Apocalisse*, Paideia, Brescia 199474; X. PICAZA IBARRONDO, *Apocalisse*, Borla, Roma 2001, 51; P. PRIGENT, *Apocalisse*, 60.

[66] Su questa linea si colloca ancor prima che l'Apocalisse, il Quarto Vangelo, dove il pronome enfatico, sia in senso assoluto sia con attributi vari, costituisce la principale caratteristica delle formula auto rivelative cristologiche. Per una buona sintesi sull'uso giovanneo dello ἐγώ εἰμι cf. R. BROWN, *Giovanni*, 1482-1489; M. PALINURO, *«Tu chi sei?»*, 50-53.

[67] Il participio sostantivato ὁ ζῶν, trattato qui come titolo autorivelativo, analogamente al binomio ὁ πρῶτος καὶ ὁ ἔσχατος si pone in rapporto alla designazione di YHWH come θεὸς ζῶν: «Dio vivente», ovvero alle locuzioni ebraiche אֵל חַי e אֱלֹהִים חַי, che si trovano in Gs 3,10; 2 Re 19,16; Sal 42 (41),3; 84 (83),3; Is 37,17; Os 2,1.

La parte visiva dell'apparizione insiste sull'aspetto del Cristo, descritto in termini generali come uno ὅμοιον υἱὸν ἀνθρώπου: «simile a un Figlio d'uomo» fra sette candelabri d'oro, e successivamente nei dettagli del corpo e dell'abbigliamento.

Non si possono ragionevolmente nutrire dubbi sul fatto che qui l'assunzione della categoria di "Figlio dell'uomo" provenga da Dn 7,13 e dalle tradizioni apocalittiche tardogiudaiche cui quel testo appartiene, come anche dalla sua rilettura in chiave messianica che si impone nelle prime Chiese[68]. Si tratta di una denominazione che già nei vangeli colloca la figura e l'opera di Gesù in un contesto escatologico.

L'Apocalisse giovannea, che ripresenta la categoria in 14,14, la associa a elementi descrittivi che nelle tradizioni tardogiudaiche hanno definito apparizioni di esseri angelici all'interno di rivelazioni generalmente celesti. Un punto di riferimento frequente in tal senso è la rappresentazione "dell'uomo vestito di lino", presente in Dn 10,5-6. D'altra parte l'apparizione del Figlio dell'uomo in Apocalisse, oltre a rimandare a Dn 7 per la denominazione complessiva[69], può essere legata a quella visione per l'attributo della capigliatura bianca trasferito al Cristo dalla figura divina dell'Antico dei giorni di Dn 7,9[70].

La descrizione di un personaggio angelico attraverso l'associazione per similitudine del suo aspetto antropomorfo a elementi cosmici o materici che mirano a indicarne la natura trascendente, comunque, è talmente diffusa nelle tradizioni apocalittiche da esserne uno degli elementi più caratterizzanti.

La tavola sinottica mostra quanto la descrizione del Figlio dell'uomo nella visione inaugurale dell'Apocalisse sia imparentata con diverse presentazioni di figure angeliche presenti nei testi apocalittici:

[68] La lettura messianica della figura del "figlio dell'uomo" prima di Gesù non può essere né affermata né negata, dato che i pochi e difficili testi precedenti ai vangeli appartenenti alla tradizione enochica sono oggetto di accese dispute interpretative.

[69] Ap 1,13: ὅμοιον υἱὸν ἀνθρώπου; Dn 7, 13 LXX: ὡς υἱὸς ἀνθρώπου; Dn 7,13 TM: כְּבַר אֱנָשׁ.

[70] Ap 1,14: ἡ δὲ κεφαλὴ αὐτοῦ καὶ αἱ τρίχες λευκαὶ ὡς ἔριον λευκόν ὡς χιών: «La sua testa e i suoi capelli erano bianchi come lana candida, simile a neve».
Dn 7,9 LXX: τὸ τρίχωμα τῆς κεφαλῆς αὐτοῦ ὡσεὶ ἔριον λευκὸν καθαρόν: «I capelli della sua testa erano come lana bianca pura».
Dn 7,9 TM: וּשְׂעַר רֵאשֵׁהּ כַּעֲמַר נְקֵא: «E i capelli della sua testa erano come lana candida».

Parti del corpo	**Aspetto del Figlio dell'uomo in Ap 1,13-16**	**Aspetto di figure angeliche in testi apocalittici**
Designazione generale	Simile a un Figlio d'uomo.	Designazione antropomorfa: Dn 8,15; Dn 10,5; *Gius. e As.* 14,4; *Apoc. Abramo* 10,4. Splendore: *Gius. e As.* 14,3; 2 *Enoc* 19,1.
Corpo nella sua interezza		Topazio: Dn 10,6. Zaffiro: *Apoc. Abramo* 11,2.
Volto	Come il sole.	Folgore: Dn 10,6; *Storia della cattività babilonese* 16. Sole: 2 *Enoc* 1,5; 19,1; *Apoc. Sofonia* 6,11.
Occhi	Come fiamma di fuoco.	Torce di fuoco: Dn 10,6. Lampade ardenti: 2 *Enoc* 1,5.
Bocca	Vi fuoriesce una spada affilata a doppio taglio.	Emanante fuoco: 2 *Enoc* 1,5.
Capelli	Come lana candida simile a neve.	Neve: *Apoc. Abramo* 11,5. In Dn 7,9, detto della capigliatura dell'Antico dei giorni.
Braccia		Bronzo lucente: Dn 10,6. Ali d'oro: 2 *Enoc* 1,5.
Mani	Nella mano destra ha sette stelle, che sono gli Angeli delle Chiese.	Recanti frecce infuocate e una spada infuocata: *Storia della cattività babilonese* 16.
Piedi	Simili a bronzo come arroventato nel fuoco.	Bronzo lucente: Dn 10,6; *Storia della cattività babilonese* 16. Ottone: *Apoc. Sofonia* 6,12.
Abbigliamento	Indossa una tunica (ποδήρη). Reca ai fianchi una cintura aurea.	Veste piumata: 2 *Enoc* 1,5. Veste di porpora: *Apoc. Abramo* 11,3. Turbante: *Apoc. Abramo* 11,3. Pettorale di madreperla: *Storia della cattività babilonese* 16. Cintura d'oro: Dn 10,5; *Apoc. Sofonia* 6,12.

La descrizione dell'aspetto angelomorfo del Cristo fa seguito alla menzione in Ap 1,1 dell'Angelo cui è deputata la mediazione della rivelazione a Giovanni e ad essa dev'essere collegata. Soluzioni alternative che vedono in questo Angelo un messaggero celeste inviato da Dio o da Gesù Cristo, aprono una duplice aporia: quella dello sdoppiamento dei mediatori della rivelazione a Giovanni e quello dell'impossibilità di precisare l'identità dell'ἄγγελος, pur nell'eminenzialità del ruolo che gli viene attribuito.

L'assunzione delle categorie espressive e linguistiche dell'angelologia appaiono come tentativi per presentare sia il mistero dell'Incarnazione sia lo *status* glorioso del Cristo, legato alla sua morte e risurrezione. In forza della sua realtà umano-divina e della sua esaltazione, il Cristo è presentato come l'unico mediatore della rivelazione delle realtà ultime, ma ancor di più come l'Escatologico, la cui venuta è promessa ma anche resa attuale dall'apparizione a Giovanni, il giorno domenicale e nell'isola di Patmos.

La relazione con il presente è ulteriormente evidenziata dal fatto che il Cristo-*Escatos* appare fra i sette candelabri simbolici delle sette comunità cui è indirizzata la testimonianza di Giovanni e tiene nella sua destra le sette stelle, identificate con gli Angeli delle Chiese.

I messaggi dettati a Giovanni e destinati agli Angeli delle Chiese e quindi alle stesse comunità dell'Asia minore menzionate a partire da Ap 1,4, sono prolungamento della visione. All'interno del racconto giovanneo essi, dunque, sono il primo impatto dello svelamento del Cristo nella sua presentazione alle Chiese come l'*Escatos* presente e veniente. L'ascolto della parola rivolta alle diverse comunità avrà, dunque, come fondamento ermenutico la concentrazione cristologica dell'escatologico, in questa duplice dimensione di già ma non ancora, e, dunque, di esperienza attuale e tensione alla definitività della salvezza.

2. Per una definizione del genere letterario dei sette messaggi alle Chiese

Qual è la natura dei sette messaggi alle Chiese? La questione è tanto fondamentale per la loro comprensione, quanto divisiva. Se diversi commentatori hanno ravvisato nel riferimento alla scrittura dei messaggi e nella sottolineatura del locutore e dei destinatari, elementi propri del genere epistolare[71], altri hanno negato questa definizione, rilevando la mancanza della forma, della situazione e del presupposto che caratterizza una lettera[72]. Ipotesi più specifiche e meno convincenti sono state avanzate in rapporto alla formulazione protocollare delle cancellerie achemenidi e romane[73].

Il carattere letterario dei brani è evidente già dal comando che il Risorto rivolge a Giovanni di scrivere all'Angelo di ogni singola Chiesa. Tuttavia, l'insistenza sulla scrittura del messaggio rivelato non necessariamente si riconduce ad un genere epistolare e, inoltre, è un elemento che si trova in diversi testi apocalittici. D'altra parte l'espressione modulare: «Chi ha orecchi ascolti quel che lo Spirito dice alle Chiese», ha chiaramente una matrice sapienziale, posto che gli scritti apocalittici si caratterizzano anche per la contaminazione delle tradizioni sapienziali con la profezia.

Si è anche messo in evidenza il carattere propriamente profetico dei testi. A riguardo si vedano soprattutto le riflessioni di F. Hahn sulla matrice oracolare dell'espressione τάδε λέγει...[74], e gli approfondimenti di U.B. Müller sulla prossimità dei messaggi a Sardi, Efeso, Pergamo, Tiatura e Laodicea alla forma profetica dell'appello alla conversione, e dei rimanenti a quella dell'annunzio salvifico[75]. D.E. Aune accosta i messaggi alla tradizione profetica, ma vi ritrova elementi estranei, riconducibili alla forma dell'editto

---

[71] Cf. G. BIGUZZI, *I settenari nella struttura dell'Apocalisse. Analisi, storia della ricerca, interpretazione*, EDB, Bologna 1996, 283-284.

[72] Cf. T. ZAHN, *Die Offenbarung des Johannes*, A. Deichert, Leipzig 1924, 41; E. LOHMEYER, *Die Offenbarung des Johannes*, J.C.B. Mohr (Paul Siebeck), Tübingen 1926, 37.

[73] Cf. G. RUDBERG, *Zu den Sendschreiben der Johannesapokalypse*, in «Eranos» 11 (1911) 170-179.

[74] Cf. F. HAHN, *Die Sendschreiben der Johannesapokalypse. Ein Beitrag zur Bestimmung prophetischer Redeformen*, in G. JEREMIAS et al. (edd.), *Tradition und Glaube. Festgabe für K.G. Kuhn*, Vandenhoeck & Ruprecht, Göttingen 1971, 357-394.391-392.

[75] Cf. U.B. MÜLLER, *Prophetie und Predigt im Neuen Testament*, Mohn, Gütersloh 1975, 57-107.

imperiale romano, per cui preferisce asserire che essi corrispondono a un *mixtum compositum*, che denomina: "editto profetico"[76].

In effetti la difficoltà della definizione del genere di queste sette brevi pericopi evidenzia il fatto che dal punto di vista formale esse sono un inedito. Qui cercherò di indicare questa innovazione nella rivisitazione del modello profetico classico sul piano escatologico e in relazione alla mediazione cristologica della rivelazione.

2.1. Il settenario dei messaggi alle Chiese sullo sfondo delle sequenze di oracoli profetici dell'AT

Dopo il grande prologo del libro, costituito dal titolo dell'opera, Ap 1,1-3, e dal dialogo liturgico di avvio, Ap 1,4-8, e prima della grande visione celeste narrata a partire da Ap 4,1, l'autore narra l'apparizione del Cristo Risorto, che ordina al veggente di redigere un resoconto della rivelazione e, in prima istanza, gli specifici messaggi alle Chiese destinatarie dell'intero libro.

Il racconto della rivelazione celeste segue uno sviluppo drammatico, che attraverso la sequenza settenaria dei sigilli, delle trombe e delle fiale, giunge alla presentazione contrapposta delle due città, Babilonia, simbolo dei poteri terreni costituiti in contrapposizione a Dio, e la Gerusalemme celeste, immagine del piano divino che giunge a pienezza. La successione dei messaggi alle Chiese, invece, ha una struttura piana, in cui ogni pericope è composta da elementi modulari, articolati con contenuti specifici.

La valenza e le ricadute della rivelazione sul vissuto ecclesiale si pongono, dunque, su un duplice livello: quello generale, dato che oltretutto le implicanze dell'intervento escatologico di Dio nella storia sono per sé universali, e quello specifico di ogni singola Chiesa.

Il caso dell'Apocalisse non è unico all'interno della letteratura biblica. Nel libro di Amos si ha, infatti, un'analoga sequenza di oracoli dalla struttura unitaria (cf. Am 1,3-2,16) che precede la seconda parte del libro, ben più consistente, costituita, però da materiale vario (oracoli, visioni, frammenti innici, parti narrative). La successione delle

[76] Cf. D.E. AUNE, *The Form and Function of the Proclamations to the Seven Churches (Revelation 2-3)*, in «NTS» 36 (1990) 198-204.

pericopi nella prima parte del libro è costituita da 7+1 oracoli di condanna contro le nazioni, Damasco, Gaza, Tiro, Edom, Ammon, Moab, e contro lo stesso popolo, Giuda, in Am 2,1-5 e Israele in Am 2,6-16. I primi sette brani, compreso quello relativo a Giuda, hanno lo stesso schema: la formula dell'inviato: «Così dice YHWH», che segnala l'inizio di ogni singola pericope (Am 1,3.6.9.11.13; 2,1.4); l'espressione fissa: «Per tre crimini di x e per quattro non revocherò il mio decreto» (Am 1,3.6.9.11.13; 2,1.4); l'accusa, introdotta dalla particella causale עַל; il castigo, sempre espresso nei termini della minaccia del fuoco; la conclusione, אָמַר יְהוָה: «Ha detto YHWH», unicamente negli oracoli contro Damasco, Gaza, Ammon e Moab. Il messaggio contro Israele si presenta, invece, come un'espansione dei precedenti e costituisce il *climax* della sezione.

Sequenze di oracoli sul popolo o sulle nazioni straniere sono, comunque, frequenti nella letteratura profetica veterotestamentaria, così come l'articolazione dei due elementi portanti individuati nelle pericopi di Amos: l'accusa e il giudizio. Si vedano la serie dedicata a Giuda e Gerusalemme che apre il libro di Isaia (cf. Is 1,2-2,5), Ger 2,26-28 e la grande successione di oracoli contro le nazioni di Ez 25-32.

In sé la relazione fra accusa e giudizio si riferisce a un dato strutturante di base che è la lettura della storia da parte di Dio e l'orientamento che Egli vi imprime attraverso la sua parola. Perciò, in riferimento al popolo, il rapporto fra questi due elementi si potrà leggere in ordine alla presentazione di una situazione di difficoltà che si evolve nell'annuncio della salvezza (cf. Is 41,17-20; 42,12-17; 43,16-21). Condanna e salvezza si trovano insieme in alcune sequenze oracolari di giudizio per i popoli e redenzione per Giuda-Israele come Is 10,24-27; 14,24-27; Gl 2,18-20[77].

2.2. La struttura dei sette messaggi alle Chiese

L'ordine dei messaggi segue l'elenco delle Chiese presentato in Ap 1,11 come destinatario complessivo del racconto: Efeso (cf. Ap 2,1-7), Smirne (cf. Ap 2,8-11), Pergamo

---

[77] Per una buona presentazione dei diversi generi oracolari, sulla base dell'impostazione classica di Westermann, cf. A. SPREAFICO, *La voce di Dio. Per capire i profeti*, EDB, Bologna 2014, 26-32.

(cf. Ap 2,12-17), Tiatira (cf. Ap 2,18-29), Sardi (cf. Ap 3,1-6), Filadelfia (cf. Ap 3,7-13), Laodicea (cf. Ap 3,14-22).

I commentatori hanno tentato in vario modo di semplificare l'articolazione modulare di ciascun messaggio, variando il numero e le denominazioni dei suoi punti costitutivi.

Per J.T. Kirby, che utilizza le categorie dell'analisi retorica, gli elementi portanti di ogni pericope sarebbero quattro: 1. προοίμιον; 2. διήγεσις; 3. πρόθεσις; 4. ἐπίλογος[78], mentre una struttura più dettagliata è presentata da Aune: 1. Indicazione del destinatario; 2. Il comando di scrivere; 3. La formula τάδε λέγει; 4. I predicati cristologici; 5. *Narratio*; 6. *Dispositio*; 7. La formula di proclamazione ὁ ἔχων οὖς ἀκουσάτω τί τὸ πνεῦμα λέγει ταῖς ἐκκλησίαις; 8. La formula di promessa al vincitore[79].

In ambito italiano U. Vanni ha presentato una griglia in sei punti: 1. Indirizzo: Τῷ ἀγγέλῳ τῆς ἐν [x] ἐκκλησίας γράψον: «All'angelo della Chiesa che è in [x] scrivi» (Ap 2,1.8.12.18; 3,1.7.14); 2. Autopresentazione del Cristo: Τάδε λέγει ὁ: «Così parla il...» + i titoli specifici (cf. Ap 2,1.8.12.18; 3,1.7.14); 3. Giudizio del Cristo sulla situazione presente della singola Chiesa: οἶδα τὰ ἔργα σου: «Conosco le tue opere...» + giudizio specifico (cf. Ap 2,2-3.9.13-15.19-23; 3,1.8-10.15-17); 4. Esortazione alla Chiesa (cf. Ap 2,4-6.10.16.24-26; 3,2-4.11.18-20); 5. L'espressione: Ὁ ἔχων οὖς ἀκουσάτω τί τὸ πνεῦμα λέγει ταῖς ἐκκλησίαις: «Chi ha orecchi ascolti ciò che lo Spirito dice alle Chiese» (Ap 2,7.11.17.29; 3,6.13.22); 6. Promessa al vincitore (cf. Ap 2,7.11.17.28; 3,5.12.21). I punti 5.6. si trovano invertiti nelle ultime quattro lettere[80].

G. Biguzzi ha semplificato lo schema in tre parti: 1. Indicazione della Chiesa destinataria e del mittente; 2. Corpo del messaggio; 3. Conclusione[81], ma questa proposta appare eccessivamente scarna.

I dati vanno rilevati sia sul piano delle ricorrenze linguistiche sia su quello dei contenuti e e, pertanto, l'ipotesi di U. Vanni mi sembra quella più adatta a risolvere la questione, con la precisazione che l'autopresentazione di Cristo (punto 2.) è una riproposizione della formula dell'inviato, adattata all'istanza cristologica e che i punti 3.4.6. corrispondono al rapporto fra

---

[78] Cf. T. KIRBY, *The rethorical Situation of Revelation 1-3*, in «NTS» 34 (1988) 107-207.200.
[79] Cf. D.E. AUNE, *Revelation*, I, Word Books, Dallas 1997, 119-124.
[80] Cf. U. VANNI, *Apocalisse*, 137-138.
[81] Cf. G. BIGUZZI, *Apocalisse*, 94.

lettura della storia e intervento orientativo proprio degli oracoli profetici. D'altra parte le espressioni (semi)fisse οἶδα τὰ ἔργα σου e l'invito all'ascolto dello Spirito fanno riferimento a un linguaggio di matrice sapienziale (conoscenza, orecchio, ascolto), che, però, appare subordinato all'impostazione profetica fondamentale. Diremo dell'incidenza in tal senso dell'invito all'ascolto dello Spirito.

In definitiva l'aspetto letterario delle sette pericopi si riferisce primariamente all'oracolo profetico, sia nella sequenza dei brani, che ne fa un *corpus* unico, sia negli elementi propri che compongono ogni singolo messaggio. Il dato costitutivo è, infatti, la parola divina che legge il vissuto delle comunità, lo orienta correggendolo e lo indirizza al compimento salvifico escatologico. Chiaramente nessuna delle categorie classiche per definire il genere specifico degli oracoli profetici può adattarsi al caso dell'Apocalisse, anche perché nei singoli messaggi il tono dell'intervento divino è diversificato. Si tratta, però, di una ripresa che contiene elementi innovativi determinanti in rapporto alla natura dei testi e, in primo luogo, allo statuto della profezia nelle Chiese delle origini.

La formula dell'inviato, come vedremo meglio nel commento, ha per soggetto il Cristo, per cui lo schema rivelativo converge su di lui, come rivelatore della parola divina. La sovrapposizione tra la parola del Cristo e lo Spirito è indicativa, a sua volta, della peculiarità della profezia cristiana. La formulazione scritta e l'orientamento escatologico del giudizio, inoltre, per forma e contenuti sono caratteristiche strutturanti dei testi apocalittici.

Dunque, effettivamente ci troviamo davanti ad elementi che orientano in maniera molto precisa il tentativo di individuare il genere letterario di questi sette testi. Si tratta di una sezione di "oracoli profetici", in cui il modello veterotestamentario appare innovato negli elementi chiave della cristologia e dell'escatologia, e in cui la forma scritta è contestuale all'indicazione generale di redigere un resoconto dell'intera rivelazione, a sua volta da legare a un *cliché* apocalittico.

3. Gli elementi modulari dei messaggi alle Chiese tra tradizione e innovazione del modello profetico

3.1. Gli Angeli delle Chiese

Nella complessa angelologia del libro dell'Apocalisse, quello degli Angeli delle sette Chiese costituisce un gruppo omogeneo, presentato innanzitutto come insieme (cf. Ap 1,20) e a seguire individualmente all'inizio di ciascun oracolo alle Chiese. Primo presupposto per la corretta ermeneutica del simbolo è, dunque, che esso sia interpretato nel contesto letterario proprio, evitando fusioni di significato tra i diversi personaggi indicati con il termine ἄγγελος. Ci troviamo davanti, però, a una delle questioni più discusse nell'esegesi dell'Apocalisse giovannea[82]. Fra le interpretazioni proposte prevale l'identificazione individuale, declinata in vario modo fra chi ritiene si tratti del *leader* della comunità, cioè del Vescovo[83], ovvero della figura profetica di un delegato mandato da Giovanni dall'esilio di Patmos presso ciascuna delle sette Chiese[84]. L'interpretazione dell'Angelo come il Vescovo di ognuna delle Chiese destinatarie, spesso basata su una supposta vicinanza spazio-temporale tra l'Apocalisse e le lettere di Ignazio d'Antiochia, non tiene conto delle problematiche connesse con l'autenticità del *corpus* e con la sua effettiva datazione. Non ha maggiore credito l'ipotesi di un delegato di Giovanni, che non regge al vaglio dei dati letterari interni.

Intendendo gli Angeli delle Chiese come esseri celesti si è anche pensato al custode della comunità, sulla scorta di analoghe rappresentazioni apocalittiche, in particolare danieliche[85], dei protettori celesti dei popoli[86]. Sfugge, però, il fatto che nulla

---

[82] Per la presentazione dello *status quaestionis* cf. E.B. ALLO, *Saint Jean. L'Apocalypse*, J. Gabalda, Paris 1933^3, 27-28; D.E. AUNE, *Revelation*, I, 108-112; G. BIGUZZI, *Apocalisse*, 94-98.

[83] Per l'identificazione dell'Angelo della Chiesa con il Vescovo della comunità si veda in modo esemplificativo T. ZAHN, *Die Offenbarung*, 606 e più recentemente F. MANNS, *L'Évêque, Ange de l'Église*, in «EL» 104 (1990) 176-181.

[84] Si tratta di una figura individuale se considerata in rapporto a ciascuna comunità destinataria della sua missione, ovvero di un gruppo quando gli Angeli delle Chiese sono considerati come totalità, alla luce di Ap 1,20.

[85] Cf. Dn 10,13.20.21; 11,1; 12,1.

[86] M. E. Boring nega che si possa parlare di un essere umano quale l'episcopo o il profeta a capo della comunità, e pensa si tratti di esseri celesti, custodi delle Chiese, cf. M. E. BORING, *Apocalisse*, Claudiana,

nell'Apocalisse indica un ruolo di protezione o di custodia di questi sette Angeli nei confronti delle comunità.

Un'altra possibilità di lettura è quella individuata da R.H. Charles, il quale ritiene che con ἄγγελοι τῶν ἑπτὰ ἐκκλησιῶν in Ap 1,20 si intendano le stesse Chiese e la loro condizione spirituale, cioè: «the heavenly doubles or counterparts of the Seven Churches, which thus come to be identical with the Chirches themseves»[87].

L'interpretazione ecclesiologica è quella più coerente con i dati letterari, ma la specifica declinazione data da Charles non risulta convincente, sia perché nella sua ricostruzione per un verso egli fa riferimento all'immaginario semitico e per un altro sembra tradire il debito a un concetto platonico o neoplatonico quale quello di "ideale di Chiesa", sia perché legge la terminologia angelica in senso eminentemente trascendente[88].

Infine, qualsiasi identificazione collettiva specifica all'interno della comunità nella sua interezza, quale quella di una sorta di collegio presbiterale o di un gruppo profetico ristretto, rimane congetturale.

In effetti diversi elementi presenti nella visione inaugurale e nel settenario dei messaggi indicano comunque che la simbologia degli Angeli delle Chiese va interpretata in senso ecclesiale.

In Ap 1,11.19, come detto, per due volte Giovanni riceve il comando del Cristo di scrivere la visione. Nel primo caso si specifica che l'attestazione deve avvenire in un libro e che i destinatari sono le sette Chiese, nominate singolarmente nello stesso ordine in cui sono presentate all'interno del settenario dei messaggi. Il gruppo delle Chiese era già menzionato nell'indirizzo di Ap 1,4. Sebbene al v. 11 si parli del libro nel suo complesso, coincidente sostanzialmente con l'Apocalisse stessa, il riferimento esplicito alle comunità rinvia immediatamente proprio ai messaggi profetici.

Torino 2008, 106-107. Sulla stessa linea E. Lohse che interpreta le figure come gli Angeli custodi nei quali è rappresentata la comunità, cf. E. LOHSE, *Apocalisse*, Paideia, Brescia 1974, 46.

[87] R.H. CHARLES, *A Critical and Exegetical Commentary on the Revelation of St. John*, I, T. & T. Clark, Edinburgh 1920, 34.

[88] La posizione di Charles ha fatto scuola. Su questa linea si pongono, ad esempio, P. PRIGENT, *L'Apocalisse di S. Giovanni*, Borla, Roma 1985, 66-68, che cita a riguardo il testo dell'*Asc. Isaia*, e R. PÉREZ MÁRQUEZ, *L'Apocalisse della Chiesa. Lettere alla comunità*, Cittadella, Assisi 2011, 35-36, il quale ritiene che gli Angeli indichino le Chiese nella loro dimensione spirituale, in sintonia con la voce dello Spirito.

Inoltre, in questi comandi, non appaiono mediazioni ulteriori fra Giovanni e le comunità. Si può pensare, dunque, che la menzione degli Angeli corrisponda ad un'ulteriore articolazione dello schema con cui il messaggio è trasmesso, che però sarebbe inserita senza coerenza con le precedenti indicazioni dei destinatari, oppure, come ritengo, che sia indicazione dei destinatari ecclesiali della comunicazione profetica, citati all'inizio dell'opera.

Nell'epilogo lo schema di trasmissione è ripreso in Ap 22,16, dove parlando in prima persona, Gesù accredita il suo "messaggero" latore della testimonianza riguardo alle Chiese. La caratterizzazione del termine ἄγγελος è data dal pronome μου e non rinvia, dunque, alla categoria di Angelo della Chiesa. L'ipotesi più solida è che si tratti dello stesso Giovanni, proprio sulla base del fatto che nel racconto è lui l'unico ad essere incaricato espressamente dal Cristo quale suo inviato (nella cristofania inaugurale e in Ap 10)[89].

Emerge uno schema di rivelazione e di trasmissione del messaggio sostanzialmente semplice: Dio fonte; il Cristo unico rivelatore; Giovanni destinatario diretto della rivelazione e testimone oculare del messaggio; le sette Chiese destinatarie della mediazione profetica[90].

L'associazione stelle-candelabri nella visione del Risorto può far pensare sia alla volontà di distinguere due realtà, sia a quella di indicare con due differenti immagini un unico significato. In effetti è il simbolo dei candelabri ad essere espressamente sciolto, mentre quello delle stelle non è chiarito totalmente, essendo il riferimento agli Angeli delle Chiese, a sua volta, un elemento codificato. Nel caso delle stelle, cioè, c'è il trasferimento da un simbolo ad un altro e non una vera e propria spiegazione, per cui l'unico elemento ermeneutico presente nel testo è quello ecclesiologico.

---

[89] Per questa interpretazione cf. E. SCHMITT, *Die Christologische Interpretation Als das Grundlegende der Apokalypse*, in «ThQ» 140 (1960) 262-264.262.

[90] Lo schema di rivelazione-comunicazione così ricostruito, tenendo conto cioè unicamente dei dati espressamente indicati dal testo, ha il pregio di non introdurre ulteriori passaggi per un verso fra il Cristo e Giovanni, per un altro fra il veggente e le Chiese. Inoltre, non proponendo l'identificazione degli Angeli delle Chiese con esseri celesti, non abbiamo motivo di argomentare su come sia possibile che Giovanni, recettore e trasmettitore alle comunità menzionate del messaggio a lui rivelato, debba farlo per il tramite di personaggi a lui superiori in dignità.

Nel primo messaggio della sequenza settenaria, cioè quello per la Chiesa di Efeso, questi due elementi sono menzionati di nuovo insieme nell'autopresentazione cristologica. Quello che potrebbe essere significativo della loro identificazione è comunque il fatto che, sebbene il Cristo stia parlando all'Angelo, in Ap 2,5 la minaccia di una mancata conversione è la rimozione del candelabro, specificato dal pronome σου, "tuo".

Ad ulteriore conferma che la categoria di Angelo della Chiesa vada intesa in senso collettivo, va evidenziato il fatto che a più riprese nel settenario si passa dal "tu" al "voi".

In Ap 2,10 il Cristo parla all'Angelo della Chiesa di Smirne, dicendo: μηδὲν φοβοῦ ἃ **μέλλεις** πάσχειν: «Non temere ciò che stai per patire», aggiungendo: ἰδοὺ μέλλει βάλλειν ὁ διάβολος **ἐξ ὑμῶν** εἰς φυλακὴν ἵνα **πειρασθῆτε** καὶ **ἕξετε** θλῖψιν ἡμερῶν δέκα: «Ecco il diavolo sta per gettare alcuni di voi in prigione, cosicché sarete messi alla prova e avrete tribolazione per dieci giorni», salvo tornare immediatamente dopo al singolare: **γίνου** πιστὸς ἄχρι θανάτου, καὶ δώσω **σοι** τὸν στέφανον τῆς ζωῆς: «Sii fedele fino alla morte e darò a te la corona della vita».

In Ap 2,13 per un verso si dice: οἶδα ποῦ **κατοικεῖς** που ὁ θρόνος τοῦ Σατανᾶ: «So dove abiti, dove vi è il trono di Satana», per un altro, relativamente ad Antipa si afferma: ὃς ἀπεκτάνθη **παρ' ὑμῖν**, ὅπου ὁ Σατανᾶς κατοικεῖ: «che fu ucciso fra voi, dove abita Satana».

Nel messaggio all'Angelo di Tiatira, relativamente alla dottrina della profetessa Gezabele, il Cristo afferma: ἔχω κατὰ **σοῦ** ὅτι ἀφεῖς τὴν γυναῖκα Ἰεζάβελ: «Ho riguardo a te che lasci fare alla donna Gezabele» (Ap 2,20), ma a seguire è chiaro l'indirizzo del discorso ai membri della comunità: **ὑμῖν** δὲ λέγω τοῖς λοιποῖς τοῖς ἐν Θυατείροις, ὅσοι οὐκ ἔχουσιν τὴν διδαχὴν ταύτην, οἵτινες οὐκ ἔγνωσαν τὰ βαθέα τοῦ σατανᾶ ὡς λέγουσιν· οὐ βάλλω **ἐφ' ὑμᾶς** ἄλλο βάρος: «Ma agli altri che siete in Tiatira, quanti non hanno accolto questa dottrina, che non hanno conosciuto le profondità si Satana, come le chiamano, dico: Non metto su voi altro peso» (Ap 2,24).

Il Cristo, dunque parla all'Angelo, ma in alcuni passi "tradisce" la sua interlocuzione con le comunità.

A questo punto è chiaro che gli Angeli delle Chiese costituiscono nel loro insieme e nella loro singolarità un'icone di valenza ecclesiale. Nel libro dell'Apocalisse vi sono rappresentazioni della Chiesa nella Partoriente di Ap 12,1-2 e nella duplice immagine della Sposa, quella antropomorfa di Ap 19,7-8 e quella topografica della Gerusalemme celeste che conclude la rivelazione. In rapporto a queste immagini possiamo certamente parlare di un'ecclesiologia per iconografia, articolata sulla complessa cristologia del libro e ad essa corrispondente, per il riferimento messianico nel primo caso e quello nuziale relativo all'Agnello nel secondo.

Per Ap 1,9-3,22 parliamo, dunque, di "ecclesiologia angelomorfa", cioè di immagine della Chiesa nella forma dell'Angelo, come realtà speculare alla cristologia angelomorfa che è possibile rintracciare a partire da Ap 1,1 e che caratterizza la visione inaugurale.

Tale rappresentazione è legata espressamente all'attribuzione del termine ἄγγελος alle comunità citate come destinatarie dell'intera rivelazione e *in specie* dei messaggi contenuti in Ap 2-3, e all'identificazione delle sette stelle con gli Angeli delle Chiese, essendo queste un modulo iconografico frequente nelle angelofanie.

Emergono tre implicanze relativamente all'ermeneutica della rappresentazione.

Sul piano della cristologia, l'assunzione delle categorie angelomorfe si pone su livelli di comprensione molteplice, legati innanzitutto alla realtà umano-divina e allo *status* glorificato del Cristo. Analogamente la rappresentazione della Chiesa come Angelo va colta innanzitutto sul piano della relazione fra divino e umano. L'orizzonte ermeneutico su cui proiettare questo dato non è, dunque, quello filosofico neoplatonico di Charles, e neppure quello che legge l'elemento astrale sul piano genericamente simbolico di un legame con una realtà trascendente che di fatto rimane indefinita.

Gli Angeli delle Chiese, piuttosto, sono legati alla dimensione divina per la loro relazione di appartenenza al Cristo. Per altro verso essi sono le Chiese stesse nel loro vissuto storico, ampiamente tratteggiato in ciascuno dei sette messaggi.

Pertanto, gli Angeli delle Chiese a loro volta declinano il rapporto messaggio-messaggero, in maniera inedita. Espressamente essi sono destinatari della parola del Cristo, mediata da Giovanni, implicitamente ne sono essi stessi mediatori, ragion per cui diversi autori, come evidenziato, vi hanno visto personaggi singoli di *leader* o, al più, gruppi di inviati da Patmos presso le comunità asiatiche.

Il rapporto fra la denominazione e la funzione suggerisce, piuttosto, che le comunità sono anche portatrici della parola del Cristo, capaci di discernerla nelle sue ricadute sul proprio vissuto e di applicarla. Esse, dunque, indicano la Chiesa in quanto realtà profetica, cioè come luogo della parola divina annunziata e accolta, che dall'interno la plasma.

3.2. La Chiesa che è in...

La formula che specifica il nome di ciascuna Chiesa all'inizio dei messaggi di primo acchito appare ostica: l'articolo al caso genitivo è posto prima della preposizione ἐν che introduce il nome della città al dativo ed è, a sua volta, seguito dal sostantivo ἐκκλησία di nuovo al genitivo. Letteralmente la si traduce: «All'Angelo della Chiesa, quella che è in...». Se nella prima menzione le sette Chiese venivano semplicemente elencate col proprio nome, qui l'indicazione specifica insiste sulla dimensione locale. La costruzione sintattica con la preposizione ἐν posta prima del nome della comunità è, a sua volta, espressiva di una visione ecclesiologica legata all'identità (il nome proprio) e alla territorialità (la preposizione ἐν). Il luogo identifica la Chiesa, che dunque è presentata esattamente come quella che vive in un determinato posto. La città è, poi, contesto sociale, politico, amministrativo complesso con cui la comunità che vi abita necessariamente interagisce nel bene e nel male. Si vedrà come i riferimenti descrittivi e correttivi che il Cristo rivolge alle comunità siano a più riprese riferiti a tale interazione.

In sostanza nella formulazione troviamo senz'altro un chiaro riferimento alla particolarità identificativa della Chiesa come realtà legata allo spazio, e dunque, anche al tempo.

Rimane da precisare il senso della pluralità delle Chiese menzionate. Si è giustamente ravvisato nel simbolismo aritmetico una delle chiavi di lettura di questo dato, essendo il numero sette indicativo di pienezza e di unità-totalità[91]. Certamente la questione non è meramente quantitativa, ma riguarda l'apertura del messaggio rivelato e delle sue

---

[91] Cf. U. VANNI, *Apocalisse*, 134.

implicanze alle realtà ecclesiali che nel tempo potranno accostarsi alla lettura e all'ascolto del libro profetico di Giovanni.

Dunque, se il riferimento al luogo insiste sull'identità e sulla particolarità di ciascuna Chiesa, dall'altra quello al numero sette apre il testo ad una dimensione di totalità ecclesiale, comunque non astratta ma concreta e storica. Ci troviamo davanti ad un elemento letteralmente simbolico, cioè di unità che trasversalmente tocca le realtà ecclesiali nominate, cui l'autore ha indirizzato *in primis* il suo libro, e le comunità che nello spazio-tempo continuano ad accostarsi al dato rivelato.

In tal senso l'elemento della scrittura garantisce la liceità di una dinamica di permanenza e di attualizzazione del messaggio, proprio della sua natura profetica.

3.3. La formula dell'inviato

L'espressione τάδε λέγει di apertura che introduce direttamente l'autopresentazione del Cristo, di volta in volta variata in ciascun messaggio, ha chiari antecedenti nell'AT nella cosiddetta formula dell'inviato: כֹּה־אָמַר יְהוָה: «Così dice il Signore», frequente negli oracoli profetici[92]. Sue articolazioni più estese sono:

כֹּה־אָמַר יְהוָה (אֱלֹהֵי) צְבָאוֹת

«Così dice il Signore (Dio) degli eserciti»[93];

נְאֻם־(אֲדֹנָי) יְהוִה (אֱלֹהֵי) הַצְּבָאוֹת

«Oracolo (del Signore) YHWH (Dio) degli eserciti»[94];

אָמַר יְהוָה (אֱלֹהֵי)־צְבָאוֹת

«Dice YHWH (Dio) degli eserciti»[95].

Nella LXX a tali formulazioni corrisponde l'espressione: (Τάδε) λέγει κύριος (ὁ θεὸς) ὁ παντοκράτωρ: «(Così) dice il Signore (Dio) Pantocratore», cui è possibile ricondurre Ap

[92] Cf. Am 1,6.9.11; 2,1.4.6; 3,12; Nah 1,12; Mic 2,3; 3,5.

[93] Cf. Am 5,16; Ag 1,2.5.7; 2,6; Zc 1,3.4.14; Mal 1,4; Ger 5,14; 23,16; 30,12 (49,18 TM); 32,27 (25,27 TM); 39,14 (32,14 TM); 51,7 (44,7 TM).

[94] Cf. Am 3,13; Nah 2,14; 3,5; Ag 1,9; 2,4.

[95] Cf. Am 5,27; 9,15; Ag 2,7; Mal 2,2; 3,1.

1,8: λέγει κύριος ὁ θεός ὁ ὢν καὶ ὁ ἦν καὶ ὁ ἐρχόμενος, ὁ παντοκράτωρ: «Dice il Signore Dio, Colui che è che era e che viene, il Pantocratore».

L'espressione τάδε λέγει κύριος ὁ θεὸς ὁ παντοκράτωρ ricorre anche nell'*Apocalisse di Baruc* 1,3, all'interno del discorso con cui l'Angelo-guida annunzia al veggente la sua elezione come destinatario della rivelazione. Nella stessa opera compare due volte la formula dell'inviato: τάδε λέγει Κύριος: «Così dice il Signore» (*Apocalisse di Baruc* 15,4;16,1), in entrambi i casi in bocca a Michele.

Nei sette oracoli dell'Apocalisse la sostituzione del nome divino con i titoli del Risorto, specifica in senso cristiano l'assunzione della tradizione profetica veterotestamentaria, presentandone la parola come la nuova e definitiva rivelazione divina.

Nei primi cinque messaggi è evidente la ripresa della cristofania inaugurale, per sé ancora in atto, a rendere evidente il legame fra il Risorto e le sue Chiese, ma anche la valenza propriamente ecclesiale della visione di Giovanni. L'esperienza del veggente, dunque, non ha una caratterizzazione esoterica, ma al contrario un'apertura al vissuto delle comunità che include innanzitutto un particolare contatto di ognuna di esse con il Cristo.

C'è da dire che la ripresa specifica delle diverse connotazioni che differenzia l'autopresentazione cristologica di ciascun messaggio, dal punto di vista delle singole comunità rinvia a un'ulteriorità del mistero del Risorto che, evidentemente non può esaurirsi in alcun modo nell'esperienza di una singola Chiesa. La conoscenza che ogni comunità ha del suo Signore Risorto è autentica perché proviene da lui stesso, tuttavia nessuna di esse può attribuirsi una visione esaustiva del *Mysterium Christi*. Per un altro verso ogni Chiesa ha davanti a sé come un particolare tratto del volto del Cristo, quale primo fondamento della sua identità.

Efeso conosce il Risorto come Colui che tiene nella sua destra le sette stelle e cammina in mezzo ai sette candelabri d'oro. La definizione è ripresa da Ap 1,12-13a.16a, e unisce anche i due elementi parzialmente spiegati al v. 20: τὸ μυστήριον τῶν ἑπτὰ ἀστέρων οὓς εἶδες ἐπὶ τῆς δεξιᾶς μου καὶ τὰς ἑπτὰ λυχνίας τὰς χρυσᾶς· οἱ ἑπτὰ ἀστέρες ἄγγελοι τῶν ἑπτὰ ἐκκλησιῶν εἰσιν καὶ αἱ λυχνίαι αἱ ἑπτὰ ἑπτὰ ἐκκλησίαι εἰσίν: «Il mistero delle sette stelle che hai visto nella mia destra e dei sette candelabri d'oro: le sette stelle sono gli Angeli delle sette Chiese e i candelabri sono le sette Chiese». Il cammino di fede della comunità di Efeso scaturisce dalla sua esperienza della capacità del Cristo di trattenere quello che le stelle rappresentano, la realtà "angelica" di mediazione fra Dio e le comunità, come anche dalla consapevolezza della sua presenza dinamica in mezzo ad esse, secondo il senso esplicitato dei sette candelabri[96].

L'autopresentazione alla Chiesa di Smirne riprende, invece, due elementi dell'intervento verbale del Risorto: ἐγώ εἰμι ὁ πρῶτος καὶ ὁ ἔσχατος καὶ ὁ ζῶν, καὶ ἐγενόμην νεκρὸς καὶ ἰδοὺ ζῶν εἰμι εἰς τοὺς αἰῶνας τῶν αἰώνων: «Io sono il Primo e l'Ultimo e il Vivente. Ed ecco sono vivo nei secoli dei secoli» (Ap 1,17b-18a). La comunità di Smirne ha penetrato il mistero di Cristo sia nella sua espressione onnicomprensiva, protologica ed escatologica, di matrice isaiana e perciò chiaramente connessa con attributi teologici, sia nell'esperienza pasquale. Smirne è la Chiesa della profonda intuizione dell'identità divina del Risorto, quella che da questo punto di vista appare anche la più equipaggiata nella lettura della storia, tanto nel suo fondamento quanto nella sua apertura escatologica.

La Chiesa di Pergamo è, invece, quella cui il Cristo si manifesta quale giudice sapiente e inflessibile. Qui l'autopresentazione ritorna alla caratterizzazione visiva del Figlio dell'uomo, cioè espressamente la spada affilata a doppio taglio. A rigor di termini nella visione essa è posta nella bocca del Risorto (cf. Ap 1,16b), mentre qui si dice in maniera più generica che Egli la possiede (ὁ ἔχων) e ne ha, cioè, piena disponibilità. La comunità ne farà esperienza in duplice modo, il giudizio del Cristo la difenderà da chi dovesse attaccarla, ma al tempo stesso non la lascerà impunita se non si ravvederà dalle sue negligenze. Di fatti Pergamo è una comunità che non si sta mostrando molto accorta nel fronteggiare l'insorgenza di dottrine divergenti dall'ortodossia del vangelo.

---

[96] L'immagine si inserisce all'interno di due livelli che si richiamano a vicenda: quello propriamente iconografico e quello ermeneutico. Il primo riferisce l'oggetto "candelabro" all'ambito liturgico all'interno del quale, così come emerge da Ap 2,1, il Cristo è dinamicamente presente. Peraltro questo dettaglio rende le informazioni circa il materiale e il numero dei candelabri insufficienti a identificarne il modello, come vorrebbe U. Vanni, con la *m*[e]*norath zahab* citata in Es 25,31; Zc 4,2, cf. U. VANNI, *Apocalisse*, 124-125. Il secondo livello coincide con la spiegazione fornita dal "Figlio dell'uomo" in Ap 1,20: αἱ λυχνίαι αἱ ἑπτὰ ἑπτὰ ἐκκλησίαι εἰσίν. L'intervento ermeneutico e la ripresa dell'immagine delle sette lampade nel messaggio a Efeso rendono esplicito il rapporto fra la presenza attiva del Cristo nella vita delle Chiese e la sua piena attuazione nella liturgia.

A Tiatira il Cristo si presenta come ὁ υἱὸς τοῦ θεοῦ, ὁ ἔχων τοὺς ὀφθαλμοὺς αὐτοῦ ὡς φλόγα πυρὸς καὶ οἱ πόδες αὐτοῦ ὅμοιοι χαλκολιβάνῳ: «il Figlio di Dio, i cui occhi sono come fiamma ardente, i cui piedi sono simili al bronzo splendente», ma anche come ὁ ἐραυνῶν νεφροὺς καὶ καρδίας: «Colui che scruta reni e cuori». V'è in questa autopresentazione una particolare insistenza sullo *status* divino del Risorto, dato visivamente soprattutto dal riferimento al fuoco e concettualmente dall'accentuazione della sua capacità di conoscere l'intimo degli uomini. D'altra parte i riferimenti al fuoco sono legati agli occhi. Tiatira dev'essere stata una comunità in cui si è avuta una profonda consapevolezza della capacità del Cristo di entrare nel significato più intimo delle sue esperienze, che ora dovrà essere messa a frutto nel discernimento della vera profezia, contro la pretesa dei conoscitori delle "profondità di Satana" (cf. Ap 2,24).

Il riferimento ai "sette Spiriti di Dio" e alle "sette stelle" che il Cristo dice di possedere (ὁ ἔχων) all'inizio dell'oracolo a Sardi, fa di questa Chiesa quella in cui è maggiormente sottolineata la dimensione di mediazione cielo-terra. Spiriti e stelle sono indicazioni delle realtà angeliche a diverso livello, quello propriamente trascendente, per cui gli ἑπτὰ πνεύματα τοῦ θεοῦ sono tradizionalmente gli Angeli della presenza, e quello più direttamente legato alla dimensione ecclesiale, essendo le sette stelle gli "Angeli delle Chiese" (cf. Ap 1,20). Essa è, però, la comunità che più di tutte sembra aver smarrito il senso del suo legame con la realtà divina che attraverso queste mediazioni le si è manifestata: ha ricevuto e udito la parola divina, ma sembra essersi progressivamente delineata una situazione di infedeltà. L'autopresentazione cristologica per la comunità delinea la possibilità di una rinnovata adesione alla radice propriamente teologica della sua identità.

L'autopresentazione cristologica alla comunità di Filadelfia non riprende elementi della visione inaugurale, provenendo direttamente piuttosto da un *background* veterotestamentario. Essa si struttura in tre elementi. I primi due enunciano semplicemente i titoli ὁ ἅγιος, ὁ ἀληθινός: «Il Santo, il Verace», il terzo si basa su una metafora e appare ben più ampio dei precedenti: ὁ ἔχων τὴν κλεῖν Δαυίδ, ὁ ἀνοίγων καὶ οὐδεὶς κλείσει καὶ κλείων καὶ οὐδεὶς ἀνοίγει: «Colui che ha la chiave di Davide, che apre e nessuno può chiudere, che chiude e nessuno può aprire» (Ap 1,7). L'immagine è di matrice isaiana. La si ritrova in Is 22,22 e pare essere nella tradizione giudaica una metafora messianica[97]. Qui essa è direttamente ripresa nel seguito del testo, con il riferimento alla porta aperta davanti alla comunità, che nessuno può chiudere[98], allusione ad una prospettiva nuova che il Cristo inaugura nonostante o forse a motivo delle difficoltà in cui la comunità vive. Davanti a una situazione che parrebbe essere di definitiva sconfitta, la comunità ha fatto e fa esperienza della capacità del Risorto di aprire inaspettatamente situazioni di nuova vitalità. Filadelfia diventa, dunque, la comunità della "porta aperta", cioè della svolta positiva in una dimensione di oppressione e di difficoltà.

Infine, alla Chiesa di Laodicea il Cristo parla come ὁ 'Αμήν, ὁ μάρτυς ὁ πιστὸς καὶ ἀληθινός ἡ ἀρχὴ τῆς κτίσεως τοῦ θεοῦ: «L'Amen, il Testimone fedele e verace, il Principio della creazione di Dio». Laodicea è la comunità che fra tutte riceve il giudizio più severo e la minaccia più sconvolgente, motivate dalla sua indifferenza al vangelo e dalla sua sicumera. Essa si colloca esattamente all'opposto della fedeltà e della veracità del Cristo, perciò deve compiere un cammino di conversione radicale, in cui proprio quella fedeltà e quella veracità si pongono come fondamento e forza orientante.

Nel complesso le autopresentazioni cristologiche fondano in maniera puntuale l'autorevolezza degli oracoli trasmessi tramite il veggente. A parlare è lo stesso Risorto che si manifesta a Giovanni e a ciascuna comunità attraverso una grande profusione di titoli e di metafore, che per un verso svela per un altro ri-vela il mistero del Cristo.

D'altra parte ogni comunità pare chiamata a fare esperienza in maniera singolare della presenza del suo Signore, all'interno di una visione complessiva che, chiaramente, non si identifica con una sorta di somma delle parti. Le formula autorivelative, infatti, richiamano a più riprese la visione inaugurale, ma al tempo stesso la superano, attraverso l'introduzione di elementi che non vi figurano.

---

[97] Per un'ampia presentazione di testi che definiscono l'utilizzo della metafora in periodo tardogiudaico e protocristiano, cf. E. AUNE, *Revelation*, I, 235.

[98] Il parallelismo fra i due passaggi del brano è evidente. A ὁ ἔχων τὴν κλεῖν Δαυίδ, ὁ ἀνοίγων καὶ οὐδεὶς κλείσει καὶ κλείων καὶ οὐδεὶς ἀνοίγει, corrisponde ἰδοὺ δέδωκα ἐνώπιόν σου θύραν ἠνεῳγμένην, ἣν οὐδεὶς δύναται κλεῖσαι αὐτήν, l'articolazione dei due verbi-base ἀνοίγω e κλείω, prima in forma chiastica e nel secondo elemento nell'ordine originario.

Alla base sta comunque il fatto che la parola consegnata tramite Giovanni alle singole Chiese, pone il rapporto tra il Cristo e le comunità in una dimensione dinamica, a partire proprio dall'esperienza che ciascuna di esse ha all'interno dell'evento rivelativo che le raggiunge.

3.4. «Conosco le tue opere»

Il giudizio del Cristo sul vissuto delle comunità ruota attorno alla formula semifissa οἶδα τὰ ἔργα σου: «Conosco le tue opere», presente a partire da Ap 2,2 e che ricorre in questa versione completa con il pronome possessivo anteposto a τὰ ἔργα in Ap 2,19; 3,1.8.15 e variata in οἶδά σου τὴν θλῖψιν καὶ τὴν πτωχείαν: «Conosco la tua tribolazione e la tua povertà» in Ap 2,9, ovvero in οἶδα ποῦ κατοικεῖς: «So dove abiti» in Ap 2,13. Il verbo οἶδα è, in effetti, l'unico elemento costante presente in tutti i messaggi, ed evidentemente quello più rilevante. Se il lemma τὰ ἔργα (σου) indica in termini complessivi l'oggetto della conoscenza nel complesso dei comportamenti messi in atto dalle comunità[99] e per sé ha un valore neutro le cui implicanze sono diversificate, nei due casi che diversificano la sequenza, quello di Smirne e quello di Pergamo, il riferimento è più specifico, riferendosi piuttosto alla situazione ambientale e sociale delle due Chiese. In entrambi i casi, in effetti, l'espressione è legata all'encomio delle comunità per il modo in cui affrontano le difficoltà presenti.

La posizione dell'espressione, immediatamente dopo l'autopresentazione cristologica e prima del giudizio, esplicita la singolarità della relazione del Cristo con ciascuna comunità e determina da parte sua la percezione profonda del vissuto delle comunità. Così essa costituisce il fondamento imponderabile della parola che il Risorto rivolge alle Chiese come lettura, giudizio, e orientamento della loro situazione presente.

La conoscenza del Cristo, è, dunque, la chiave di volta dell'interpretazione profetica che le comunità sono chiamate a fare della propria storia e della propria relazione con il contesto socio-politico in cui vivono.

---

[99] Cf. R.H. MOUNCE, *Apocalisse. Introduzione e commento*, GBU, Chieti 2013, 90.

3.5. «Chi ha orecchi ascolti quel che lo Spirito dice alle Chiese»

È invalsa l'abitudine di denominare come "formule di risveglio" l'espressione ὁ ἔχων οὖς ἀκουσάτω τί τὸ πνεῦμα λέγει ταῖς ἐκκλησίαις e quelle analoghe presenti nei Vangeli sinottici, per il fatto che con esse viene richiamata l'attenzione del lettore/ascoltatore alle parole proclamate. I commentatori concordemente ne hanno messo in rilievo la matrice sapienziale. Nelle ricorrenze evangeliche la formula ὁ ἔχων ὦτα ἀκουέτω: «Chi ha orecchi, intenda» (Mt 11,15; 13,9.43; Mc 4,9.23; 7,19; Lc 8,8; 14,35), è sempre messa in relazione con una parabola, ricoprendo in tal modo la funzione di cerniera tra la metafora e il significato che si schiude in rapporto all'esperienza concreta del destinatario.

Analogo è il ruolo che la frase ricopre nel settenario apocalittico, in cui essa di volta in volta funge da collegamento fra la parola annunziata alle comunità e le sue ricadute nell'esperienza ecclesiale.

Dal confronto fra queste ricorrenze e quelle sinottiche emerge, però, una differenza strutturale che ne evidenzia valenze e implicanze in parte diverse rispetto a quelle evangeliche. Se nei Sinottici esse costituiscono un'esortazione rivolta da Gesù ai suoi uditori, nei messaggi alle sette Chiese il rapporto fra locutore e destinatario si complica. Infatti, per un verso ciascun oracolo contiene la parola di Cristo, come ampiamente evidenziato dalle formule di autopresentazione iniziali, per un altro le sette esortazioni sono riferite a ciò che dice lo Spirito.

Su questo dato si innestato tre puntualizzazioni.

Il contenuto del "discorso" dello πνεῦμα è specificato unicamente come ciò che è detto ταῖς ἐκκλησίαις. U. Vanni ritiene che si tratti del contenuto della seconda parte dell'Apocalisse[100], ma l'inserimento dell'esortazione nei messaggi alle Chiese e la mancanza di indicazioni specifiche lasciano dedurre che non occorre vedervi qualcosa di diverso dalle parole che Gesù sta pronunciando per ogni comunità.

Vanno evidenziati l'insistenza sul carattere profetico del messaggio contenuto nel libro e la difficile inserzione ermeneutica di Ap 19,10. Nei messaggi alle Chiese, cioè, la voce dello Spirito porta profeticamente la parola del Cristo alle comunità destinatarie.

---

[100] Cf. U. VANNI, *Apocalisse*, 65.

L'ultima precisazione è relativa alla modulazione della percezione estetica suscitata dallo Spirito, caratterizzata in rapporto al senso dell'udito. Lo πνεῦμα, infatti, "parla"[101] per insegnare nella situazione ordinaria di ogni suo uditore a decodificare il messaggio rivelato e a coglierne le implicanze nella sua storia. Questa dinamica relazionale è analoga a quella annunziata nei passi giovannei relativamente all'azione del Paraclito, salvo il fatto che nei messaggi alle Chiese pare a tutti gli effetti attuarsi quella promessa: ora lo Spirito sta prendendo da quello che il Cristo proclama, e lo sta annunziando alle comunità. Vi è chiaramente una concentrazione escatologica nell'esperienza presente in ogni Chiesa, per cui, pur permanendo l'orientamento a un orizzonte futuro, indicato dalle promesse al vincitore, la parola del Risorto che risuona attraverso lo Spirito si pone come giudizio attuale.

In tutto questo lo Spirito appare come il vero "Profeta" del Risorto, all'interno di una dinamica di mediazione che coinvolge interamente le comunità, come realtà "angeliche", strutturalmente disposte a sperimentare in pienezza la relazionalità cielo-terra, trascendenza-storia.

3.6. La promessa al "vincitore"

L'ultimo elemento modulare è la promessa escatologica, rivolta metaforicamente al "vincitore", da cui ne è stata derivata la denominazione corrente. Come visto essa può trovarsi come conclusione degli oracoli, ovvero precedere la "formula di risveglio". Questa alternanza suggerisce che l'una o l'altra indifferentemente sono pensate dall'autore come il sigillo a ciascun messaggio, compreso tra l'orizzonte della salvezza definitiva annunziata e la mediazione profetica che si attua nel presente come contesto in cui risuona la parola escatologica di Dio.

La struttura di questo ulteriore elemento modulare si ripete identica in due punti: il riferimento al "vincitore" e la promessa escatologica, con varianti interne alle singole pericopi.

---

[101] L'indicativo presente λέγει probabilmente ha valore continuativo.

Il primo dato viene variamente espresso in τῷ νικῶντι (Ap 2,7.17) e ὁ νικῶν (Ap 2,11.26; 3,5.12.21). La differenza potrebbe non avere una particolare valenza, eccetto il fatto che nel primo caso si accentua l'iniziativa divina, mentre nel secondo viene sottolineata la partecipazione del credente e della comunità al dono escatologico.

Il secondo elemento della formula, invece, è notevolmente diversificato nel suo contenuto, che può anticipare immagini utilizzate a conclusione della rivelazione: l'albero della vita in Ap 2,7; le vesti bianche e il libro della vita in Ap 3,5; il trono in Ap 3,21; oppure riferirsi a dati precedentemente messi in rilievo nel messaggio: l'esenzione dalla "seconda morte" per chi si manterrà "fedele fino alla morte" in Ap 2,11; il dono di potersi nutrire della manna nascosta, in Ap 2,17, contrapposto alla vessazione subita da alcuni della Chiesa di Pergamo, costretti a mangiare gli idolotiti; l'annunzio che il vittorioso camminerà in bianche vesti, dato alla Chiesa di Sardi, in Ap 3,5, in relazione al fatto che in quella comunità alcuni "non hanno macchiato le loro vesti".

Che la promessa escatologica sia indirizzata alla categoria del "vincitore" evidenzia un contesto di lotta all'interno del quale si sviluppa il cammino di ogni comunità sia a livello interno, sia in riferimento al contesto sociale, politico e religioso. Evidentemente la metafora mette in luce anche la dimensione di responsabilità personale nella recezione del messaggio profetico, per cui il "vincitore" è colui che ha saputo, in una situazione di particolare difficoltà, mantenersi fedele alla parola del Cristo.

I contenuti delle promesse, nel complesso, sviluppano in maniera esplicita la dialettica fra presente e non ancora, lasciando intendere chiaramente il rapporto fra l'attualità di ogni Chiesa e il dono della salvezza definitiva.

Guardando allo sviluppo dei singoli messaggi, G. Biguzzi ha rintracciato la possibilità di suddividere le sette promesse in tre gruppi: un dittico iniziale che si pone sul piano del compimento escatologico con i riferimenti al traguardo finale di vita-morte, un dittico centrale in cui si sottolinea la valenza dell'annunzio salvifico in relazione alla storia delle comunità, e un trittico conclusivo che torna sul tema del compimento e sfocia nel riferimento alla regalità del Cristo condivisa con il "vincitore"[102].

---

[102] Cf. G. BIGUZZI, *«Il tempo è vicino»: l'escatologia nell'Apocalisse*, in «Liber Annuus» 54 (2004) 97.

In generale il tema della promessa escatologica, intesa come superamento di una situazione di difficoltà o di limite, non è un inedito nella profezia biblica, essendo trattato soprattutto nel periodo di fine e post-esilio. In particolare sembrano ripresi e sviluppati due tratti attestati soprattutto in passi redazionali: la posizione conclusiva dell'annunzio e la profusione di immagini.

Vale a tal proposito l'esempio del brano che chiude la profezia di Amos. In pochi versetti, Am 9,11-15, di origine certamente posteriore alla composizione del *corpus* del libro, si trova una grande concentrazione di immagini che rappresentano la salvezza escatologica: per un verso la capanna di Davide rialzata e il ristabilimento delle rovine, per un altro l'immaginario agricolo della sovrabbondanza del raccolto, con la metafora della continua produzione delle messi e delle vigne al punto che i colli stilleranno vino, fino alla nuova sovrapposizione fra la simbologia urbana e quella agricola, in relazione alla ricostruzione delle città e alla formula di stampo deuteronomista: piantare vigne e berne il vino, coltivare e mangiare i frutti[103].

Analogo è il caso dell'oracolo conclusivo di Gioele (cf. Gl 4,18-21), che sembra avere diversi contatti con quello di Amos, forse a motivo dell'attività di un'unica mano redazionale. In quel testo si parla della restaurazione del popolo in termini di fertilità della terra di Giuda, di punizione dei nemici e dell'abbondanza degli abitanti di Giuda e Gerusalemme. A questa promessa è legata l'affermazione che anche YHWH dimorerà per sempre in Sion. Non sfugga il fatto che l'Apocalisse giovannea presenta in sostanza lo stesso motivo, amplificato nell'immagine della città nuziale.

Ancora una volta, però, il dato tradizionale è recepito all'interno di una struttura innovativa in cui la promessa è pronunziata dal Cristo e legata alla sua azione, che orienta l'ascoltatore alla dimensione di definitiva comunione con Lui.

D'altra parte rimane difficile da precisare se le promesse profetiche abbiano effettivamente maturato una visione escatologica metastorica o rimangano piuttosto

---

[103] Am 5,11 aveva annunziato una minaccia comminata alle ingiustizie dei ricchi contro i poveri, nei termini del costruire case senza poi poterle abitare e del piantare vigne senza poterne bere il vino. La formulazione ricalca un modello presente nell'elenco di maledizioni di Dt 28,15-46 (ai vv. 30.39). Am 9,14 riprende in chiave positiva quel passo con la stessa sequenza verbale. Tuttavia viene cambiato il riferimento alle "case di pietra squadrata" con quello alle "città desolate". In generale il rapporto fra minaccia e promessa è speculare. La disobbedienza ai precetti divini genera la rottura del rapporto causa-effetto, che mina alla radice la possibilità di sopravvivenza. La restaurazione finale, invece, è il ripristino della normale relazione lavoro-fruizione.

concentrate, come parrebbe, su una visione di riabilitazione delle sorti del popolo unicamente nella storia. Dovranno intervenire categorie propriamente escatologiche, quali quelle di risurrezione e di Regno di Dio, per dare la possibilità di pensare ad una salvezza che superi la situazione presente all'interno di un ordine nuovo, ovvero che riverberi nella dimensione storica l'orizzonte di un'ulteriorità abitata da Dio e dall'uomo redento.

4. Il contenuto specifico degli oracoli tra giudizio e promessa escatologica

Ciascun messaggio sviluppa con contenuti propri il rapporto fra giudizio e promessa escatologica, attraverso la parte parenetica che si pone come svolta verso l'orizzonte della salvezza definitiva. Si può dare una lettura degli oracoli su questi tre punti in cui si articola la relazione tra la descrizione dello stato di fatto, l'esortazione e l'annunzio salvifico.

4.1. L'oracolo alla Chiesa di Efeso, Ap 2,1-7

L'autopresentazione cristologica di Ap 2,1, come abbiamo ampiamente messo in rilievo, riprende i due aspetti propriamente ecclesiali dell'immagine del Figlio dell'uomo nella visione inaugurale, le stelle nella sua mano e lo spazio fra i candelabri, che ora è specificato in senso dinamico, dato che il Cristo vi cammina in mezzo. Tutto ciò che il Risorto dice alla Chiesa di Efeso sulla sua situazione, dunque, viene da una relazione profonda fra il Cristo e la comunità.

Giudizio, esortazione al cambiamento e promessa escatologica sono strutturati sull'alternanza di aspetti positivi e negativi, quali elementi portanti dell'autentico discernimento della situazione, che può essere così sintetizzata:

Giudizio sul vissuto della comunità (vv. 2-4.6):

2 **οἶδα τὰ ἔργα σου**

Aspetto positivo:

2b καὶ τὸν κόπον καὶ τὴν ὑπομονήν σου καὶ ὅτι οὐ δύνῃ βαστάσαι κακούς, καὶ ἐπείρασας τοὺς λέγοντας ἑαυτοὺς ἀποστόλους καὶ οὐκ εἰσὶν καὶ εὗρες αὐτοὺς ψευδεῖς,
3 καὶ ὑπομονὴν ἔχεις καὶ ἐβάστασας διὰ τὸ ὄνομά μου καὶ οὐ κεκοπίακες:

«Conosco le tue opere, cioè la (tua) fatica, la tua costanza e che non puoi sopportare i malvagi, infatti li hai messi alla prova, quelli che si dicono apostoli e non lo sono, e li hai trovati menzogneri. Inoltre hai costanza e hai sopportato a causa del mio Nome e non sei venuta meno».

Aspetto negativo:

4 **ἀλλὰ ἔχω κατὰ σοῦ** ὅτι τὴν ἀγάπην σου τὴν πρώτην ἀφῆκες:

«Ma ho contro di te che hai abbandonato l'amore di prima».

Positivo:

[6]ἀλλὰ τοῦτο ἔχεις, ὅτι μισεῖς τὰ ἔργα τῶν Νικολαϊτῶν ἃ κἀγὼ μισῶ:

«Tuttavia hai questo, che odi le opere dei Nicolaiti, che anch'io odio».

Esortazione(v. 5a):

μνημόνευε οὖν πόθεν πέπτωκας καὶ μετανόησον καὶ τὰ πρῶτα ἔργα ποίησον:

«Ricordati, dunque, da dove sei caduto, convertiti e compi le opere di prima».

Minaccia (vv. 5b):

εἰ δὲ μή ἔρχομαί σοι καὶ κινήσω τὴν λυχνίαν σου ἐκ τοῦ τόπου αὐτῆς, ἐὰν μὴ μετανοήσῃς:

«Altrimenti, se non ti covertirai, verrò da te e rimuoverò il tuo candelabro dal su posto».

Promessa (v. 7b):

Τῷ νικῶντι δώσω αὐτῷ φαγεῖν ἐκ τοῦ ξύλου τῆς ζωῆς ὅ ἐστιν ἐν τῷ παραδείσῳ τοῦ θεοῦ:

«Al vincitore darò da mangiare dall'albero della vita, che è nel paradiso di Dio».

Dal giudizio del Risorto emerge una reazione positiva dei cristiani efesini a una situazione di difficoltà interna, evocata da βαστάσαι κακούς (Ap 2,2) e da ἐβάστασας διὰ τὸ ὄνομά μου (Ap 2,3). Secondo G. Biguzzi si evidenzia l'impegno della comunità su tre fronti, cioè, in relazione a tre distinti gruppi: i "malvagi", i "falsi apostoli" e i Nicolaiti. L'identità di questi ultimi, di cui si torna a parlare nel messaggio alla Chiesa di Pergamo, è questione aperta a motivo dell'insufficienza di informazioni interne al testo. Ireneo li identifica con i seguaci di Nicola d'Antiochia, citato in At 6,5, che avrebbe abbandonato la fede autentica per aderire ad una forma di gnosi, ma il problema del rapporto fra cristianesimo delle origini e gnosi è da precisare su diversi punti. Lo stesso Biguzzi identifica i Nicolaiti con «cristiani favorevoli a trovare un *modus vivendi* con lo stile di vita del paganesimo ambientale»[104], mentre R. Pérez Márquez ritiene più verosimile l'opinione

[104] G. BIGUZZI, *Apocalisse*, 108.

abbastanza diffusa secondo cui la denominazione viene dalla congiunzione di due parole, *nikos-laos*, vincitore-popolo, che indicherebbe un gruppo che si riteneva superiore rispetto ai credenti di Efeso[105].

A parte la definizione specifica, forse non occorre pensare a una così ampia diversificazione di gruppi all'interno della comunità efesina. Si potrebbe trattare di un'unica realtà, quella appunto dei Nicolaiti, forse contraddistinta dalla presenza di predicatori che rivendicano un qualche mandato.

Nondimeno, sebbene la Chiesa efesina abbia saputo fronteggiare questa situazione di crisi, essa si è indebolita nell'esperienza dell'ἀγάπη (cf. Ap 2,4). Poiché il Cristo sta affermando che la comunità è stata capace di "sopportare" a causa del "suo" Nome, il testo non sembrerebbe riferirsi all'amore per Lui, bensì alle relazioni fraterne. La lotta interna con questi/o gruppi/o, cioè, avrebbe pesato negativamente sull'unità della Chiesa[106].

Si tratta in ogni caso di una valutazione che si apre alla possibilità del recupero di quanto è andato perduto. Vi troviamo, innanzitutto, uno dei termini chiave delle esortazioni cristologiche nei messaggi alle Chiese, il verbo μετανοέω, che indica la necessità di una svolta nell'esperienza attuale, contrassegnata sia da un aspetto interiore sia da uno comportamentale. Nel caso specifico la conversione riguarda il tornare alle prime opere o alle opere di prima. L'*impasse* da superare è di riuscire a difendere l'ortodossia della fede senza rinunciare all'unità, ispirandosi a quello che si riferisce alle dinamiche e ai sentimenti di vera fraternità sperimentati all'origine della storia della comunità. Non si tratta solo di un riferimento cronologico, ma più propriamente della riscoperta del principio fondativo dell'essere comunità. Per questa ragione il testo, in realtà, mette in sequenza tre imperativi μνημόνευε, μετανόησον, ποίησον, evidenziando come la conversione richiesta si radichi nella memoria e abbia un aspetto concreto. In sostanza, il rammemorare l'esperienza di fraternità originaria produce una conversione operosa che porta ai comportamenti più propri di una comunità cristiana. Se, però, non seguirà un'effettiva svolta verso il principio stesso dell'essere Chiesa, la minaccia diventerà insindacabile nel

---

[105] Cf. R. PÉREZ MÁRQUEZ, *Apocalisse della Chiesa*, 47.

[106] Cf. G. BIGUZZI, *Apocalisse*, 107. Si veda anche R. Pérez Márquez che afferma: «l'energia profusa per la difesa dell'ortodossia è andata a discapito della pratica dell'unico comandamento», R. PÉREZ MÁRQUEZ, *Apocalisse della Chiesa*, 43.

modo più drammatico possibile: la rimozione del candelabro, cioè la fine della comunità stessa. Pertanto, quel che è attribuito come soggetto al Cristo, κινήσω τὴν λυχνίαν σου, in realtà è un dato di fatto legato all'eventualità di una mancata conversione, posto che se non vi è l'amore fraterno la comunità di fatto non esiste.

Esortazione e minaccia comunque rimangono collocate nell'orizzonte della promessa al vincitore, che riprende l'idea della *pax* paradisiaca comune a diversi oracoli profetici di salvezza escatologica. Più direttamente le immagini dell'albero della vita e del paradiso, come si diceva, sono anticipazione della chiusura del libro, in cui, in Ap 22,2, l'esplicito richiamo all'albero della vita fa della città escatologica una città-paradiso/giardino[107].

L'effetto complessivo dell'articolazione del giudizio sulla Chiesa di Efeso, è, dunque, quello di una visione positiva dell'esperienza ecclesiale, ma con un riferimento ad un dato, l'allentarsi della tensione alla carità fraterna, che a lungo andare potrebbe minare alla base la stessa sussistenza della comunità. Si spiega in questo modo il tono fortemente negativo della minaccia. Di contro l'orizzonte del giudizio cristologico-profetico rimane quello escatologico, alla luce del quale leggere ogni tratto del vissuto ecclesiale. Non a caso in questo messaggio la promessa fa riferimento all'immagine del paradiso, che si pone come rimando alla dimensione comunionale originaria fra l'uomo e Dio, ricuperata e ridonata in pienezza.

---

[107] In Ap 22,2 la frase: ἐν μέσῳ τῆς πλατείας αὐτῆς καὶ τοῦ ποταμοῦ ἐντεῦθεν καὶ ἐκεῖθεν ξύλον ζωῆς, può essere letta in due modi:

Opzione 1:
ἐν μέσῳ τῆς πλατείας αὐτῆς καὶ τοῦ ποταμοῦ
ἐντεῦθεν καὶ ἐκεῖθεν
ξύλον ζωῆς:
«In mezzo alla sua piazza e al fiume, (che erano posti) da una parte e dell'altra, vi era un albero di vita».

Opzione 2:
ἐν μέσῳ τῆς πλατείας αὐτῆς
καὶ τοῦ ποταμοῦ **ἐντεῦθεν καὶ ἐκεῖθεν**
ξύλον ζωῆς:
«In mezzo alla sua piazza e da una parte e dall'altra del fiume, vi era un albero di vita».

In ogni caso il sintagma ἐν μέσῳ richiama innanzitutto la descrizione dell'Eden genesiaco. In Gen 2,9, infatti, l'albero della vita (עֵץ הַחַיִּים nel TM, τὸ ξύλον τῆς ζωῆς nella LXX) è collocato בְּתוֹךְ הַגָּן: «in mezzo al giardino» (nella LXX: ἐν μέσῳ τῷ παραδείσῳ). La duplice possibilità di lettura del testo a livello sintattico riflette, però, in maniera diversa i riferimenti veterotestamentari individuati. Nel primo caso è possibile una ricostruzione visiva delle indicazioni spaziali in cui ἐν μέσῳ definisce il luogo fra la piazza, evidentemente aperta su un lato, e il fiume in cui cresce l'unico albero della vita. Nella seconda ipotesi i due passi veterotestamentari sarebbero sostanzialmente accostati, senza volontà di fusione delle immagini da esse suggerite. Pertanto, da una parte si parlerebbe di un'unica pianta posta al centro della piazza, dall'altra si direbbe che l'albero di vita cresce anche sulle sponde del fiume.

4.2. L'oracolo alla Chiesa di Smirne, Ap 2,8-11

A questa comunità il Risorto riconosce una situazione di "tribolazione" (nel messaggio ricorre il termine θλῖψις, cf. Ap 2,9.10) e di povertà. Si tratta, però, di due dimensioni che sono immediatamente interpretate in senso positivo: οἶδά σου τὴν θλῖψιν καὶ τὴν πτωχείαν, ἀλλὰ πλούσιος εἶ: «Conosco la tua tribolazione e la tua povertà, ma sei ricco».

La situazione di tribolazione è messa in relazione con "la bestemmia di coloro che si dicono Giudei ma non lo sono", cosicché emerge un contrasto con la comunità giudaica, subito stigmatizzata come "sinagoga di Satana", cioè, secondo l'etimologia del termine *Satan*, come una congrega di accusatori[108]. Evidentemente i cristiani che vivevano nella città erano oggetto di una sorta di linciaggio mediatico, fatto di accuse e menzogne. Inoltre, il testo lascia intendere che la situazione si va aggravando, al punto che al v. 10 si fa riferimento ad alcuni membri della comunità che stanno per essere gettati in prigione. La menzione del carcere non può che evocare il fatto che le accuse rivolte alla comunità devono essere state tali da metterla in difficoltà anche sul piano civile.

Date queste premesse, l'esortazione ha un tono completamente diverso rispetto a quella rivolta agli Efesini. La Chiesa di Smirne, infatti, vive fra due fuochi, quello di una persecuzione dall'esterno e quello dell'ostacolo posto dai Giudei intransigenti. In questa contingenza, però, essa si è mantenuta legata al vangelo e, pertanto, riceve dal Cristo l'invito a non cadere nella paura e a mantenersi fedele: μηδὲν φοβοῦ ἃ μέλλεις πάσχειν [...] γίνου πιστὸς ἄχρι θανάτου: «Non temere ciò che stai per patire [...] sii fedele fino alla morte» (2,10).

---

[108] Una posizione alternativa che ha avuto un certo seguito è quella di vedere in questo passo piuttosto che un riferimento a Giudei ortodossi e intransigenti, a una compagine cristiana che ha difficoltà nell'accettare alcuni asserti cristologici relativi allo *status* esaltato del Cristo che erano particolarmente impegnativi sul piano della relazione con il monoteismo ebraico. P. Prigent cita la posizione di Kraft che vi vede l'allusione a posizioni docete sulla morte e risurrezione di Gesù, cf. P. PRIGENT, *Apocalisse*, 91. Ben altra è l'impostazione di Lupieri, il quale ritiene che Giovanni consideri se stesso il "vero giudeo" e che, pertanto, qui l'Apocalisse non stia parlando di una contrapposizione fra Chiese e giudaismo ortodosso, né fra gruppi cristiani, ma piuttosto fra "gruppi giudaici concorrenziali", cf. E. LUPIERI, *L'Apocalisse di Giovanni*, Edizioni Mondolibri, Milano 1999, 125. Ci pare, però, che all'epoca della scrittura dell'Apocalisse l'affrancamento del cristianesimo dal giudaismo fosse già se non del tutto completato, ormai a un punto di non ritorno e che proprio questi testi mostrino l'ostracismo degli ambienti giudaici verso la realtà cristiana che pareva porsi ormai come antagonista.

L'Apocalisse insiste su una declinazione relazionale del termine πιστός, inteso come qualificazione dell'esperienza credente in riferimento a Dio e a Cristo. Il sostantivo è attribuito ad Antipa, secondo G. Biguzzi «per dire la sua fedeltà fino all'effusione del sangue, non la sua credibilità»[109]. Bisogna pur dire che la fedeltà genera credibilità, per cui il Cristo si presenterà alla comunità di Laodicea come ὁ μάρτυς ὁ πιστὸς καὶ ἀληθινός: «Il Testimone fedele e veritiero» (Ap 3,14). In ogni caso la fedeltà della Chiesa di Smirne si configura come adesione sempre più convinta al Cristo, in termini speculari a Lui, cioè fino alla morte. In tal senso l'imperativo γίνου, lett. "diventa", sottolinea la dimensione dinamica dell'essere fedele. Il sintagma ἄχρι θανάτου, sia che esso si intenda come "fino al momento della morte", cioè per tutta la vita, sia che venga interpretato come "fino al versamento del sangue", precisa una dimensione di totalità nell'adesione a Cristo che la comunità non ha ancora sperimentato e che, dunque, costituisce il compimento della sua esperienza credente.

Seguendo ancora una logica speculare, la promessa escatologica per Smirne è di essere preservata dalla "seconda morte": Ὁ νικῶν οὐ μὴ ἀδικηθῇ ἐκ τοῦ θανάτου τοῦ δευτέρου: «Il vincitore non sarà colpito dalla seconda morte» (2,11). Si tratta, anche in conformità con i dati interni di Ap 20,6.14; 21,8, di un'immagine rappresentativa della perdizione definitiva, cui la comunità sarà risparmiata se saprà mantenersi fedele a Cristo. L'espressione in sé potrebbe essere un modo di dire corrente nel giudaismo, e avere un antecedente in Dn 12,2[110]. Certamente, nel contesto, essa si pone come superamento di una situazione persecutoria che lascia intravedere anche il pericolo della morte fisica per la professione della fede cristiana.

---

[109] G. BIGUZZI, *Apocalisse*, 112.

[110] Cf. H.B. SWETE, *The Apocalypse of Saint John*, Macmillan, London - New York 1906, 33.

4.3. L'oracolo alla Chiesa di Pergamo, Ap 2,12-17

Ap 2,13 dipinge la città di Pergamo come il luogo dove Satana ha il suo trono, immagine di potere politico-amministrativo strutturato, che può essere identificato con un'articolazione del potere imperiale particolarmente forte[111].

Il giudizio del Risorto sulla comunità è, però, incentrato su un aspetto profondamente negativo della sua esperienza ecclesiale, dato che in essa la fedeltà al vangelo nella situazione di persecuzione che ha portato all'uccisione di Antipa[112], è quasi oscurata da un comportamento tollerante verso forme pseudo-profetiche. Riguardo a questo gruppo si dice, metaforicamente, che segue la dottrina di Balaam che insegnava a Balak a provocare la caduta degli Israeliti, cioè la loro distruzione, a mangiare gli idolotiti e a prostituirsi. Ricompare in questo oracolo la menzione dei Nicolaiti, con la difficoltà, anche qui, di definirne l'identità.

È, invece, evidente che i problemi della Chiesa di Pergamo si riferiscono sia al suo rapporto con il mondo pagano, sia a una situazione di frantumazione interna.

Per questa ragione la comunità è destinataria di un'esortazione in sé lapidaria, μετανόησον, legata, però, ad una minaccia molto forte rivolta agli infedeli: ἔρχομαί σοι ταχὺ καὶ πολεμήσω μετ' αὐτῶν ἐν τῇ ῥομφαίᾳ τοῦ στόματός μου: «Verrò da te presto e muoverò loro guerra con la spada della mia bocca» (Ap 2,16). Gli elementi per decifrare quale percorso di rinnovamento debba compiere questa Chiesa sono scarni, ma è chiaro che essa dovrà liberarsi da un atteggiamento di tolleranza che sta avvantaggiando i portatori di dottrine eterodosse. L'intervento diretto del Cristo contro queste realtà non può che suonare alle orecchie dei cristiani di Pergamo come un annunzio del loro disimpegno nella lotta contro queste forme di degenerazione del messaggio evangelico. In tal senso è necessario che la comunità passi attraverso un'esperienza di purificazione centrata sull'ortodossia dell'annuncio.

---

111 Pergamo era rinomata per i culti pagani all'imperatore.

112 Nel versetto Antipa è detto "testimone fedele". Bisognerebbe definire il rapporto fra l'attribuzione di questo titolo ad Antipa e il significato tecnico del linguaggio martiriale. In ogni caso è chiaro che nella città si è verificato un grave episodio di persecuzione che ha causato la morte di un cristiano, di cui nella comunità si fa memoria.

L'orizzonte escatologico su cui si proietta l'esortazione alla comunità è espresso attraverso una duplice immagine, il cui significato è particolarmente difficile da comprendere: τῷ νικῶντι δώσω αὐτῷ τοῦ μάννα τοῦ κεκρυμμένου καὶ δώσω αὐτῷ ψῆφον λευκήν, καὶ ἐπὶ τὴν ψῆφον ὄνομα καινὸν γεγραμμένον ὃ οὐδεὶς οἶδεν εἰ μὴ ὁ λαμβάνων: «Al vincitore darò della manna nascosta e darò una pietruzza bianca, su cui è scritto un nome nuovo che nessuno può conoscere, se non colui che lo riceve».

Sul dono della manna in tempo messianico è incentrato parte del discorso del pane di vita in Gv 6,31-58 che segue il racconto della moltiplicazione dei pani e dei pesci. Lì le implicanze dell'immagine si pongono a livelli differenti (cristologico, escatologico e sacramentale), con evidente richiamo agli eventi esodali riletti in senso tipologico con l'avvento storico del Cristo. La letteratura paolina attesta su altri versanti l'interpretazione "spirituale" del dono della manna (cf. 1 Cor 10,3), a testimoniare l'approfondimento tardogiudaico e cristiano del tema sotto l'aspetto simbolico. Nel libro della Sapienza, in effetti, all'interno dell'interpretazione degli eventi esodali in chiave escatologica, la manna è già detta ἄρτον ἀπ' οὐρανοῦ: «pane dal cielo» (Sap 16,20).

L'Apocalisse si inscrive nell'alveo della rilettura del tema in rapporto a un qualche significato metaforico, accentuando la dimensione escatologica del riferimento, in cui l'aspetto del "nascondimento" pare rientrare nella visione del compimento inteso come svelamento di quel che è sempre stato (in sé il piano divino sull'umanità) e viene finalmente manifestato e offerto. In tal senso la riproposizione più vicina all'Apocalisse parrebbe essere quella presente in testi della tradizione profetico-apocalittica quali *Apoc. Sir. Baruc* 29,8 e *Or. Sib.* 7,148s[113].

Sul legame nome-iscrizione il passo presenta evidenti analogie con Ap 19,12. Lì l'immagine ha applicazione cristologica derivata dalle tradizioni sulla teologia del Nome, per cui si tratta di un riferimento basilare alla dignità divina del Cristo, peraltro esplicitamente messo in rilievo nell'inno di Fil 2,6-11 e, dunque, chiaramente legato alla tradizione delle prime comunità cristiane.

---

[113] Cf. P. PRIGENT, *Apocalisse*, 102-103. Il riferimento eucaristico che l'autore rileva non è, però, dimostrabile.

In questo oracolo non può essere negata, e d'altra parte neppure affermata con assoluta certezza, l'incidenza della prassi liturgica cristiana e della riflessione delle prime comunità sull'eminenza del Nome di Cristo.

4.4. L'oracolo alla Chiesa di Tiàtira, Ap 2,18-29

La Chiesa di Tiàtira vive una situazione di compromesso, dato che essa per un verso è elogiata per la sua ἀγάπη, per la sua πίστις, per la sua διακονία, per la sua ὑπομονή, e, infine, perché le sue opere presenti sono πλείονα, rispetto alle prime, ma per un altro è rimproverata perché "lascia fare" a Gezabele, la pseudo-profetessa.

Il giudizio del Risorto, pertanto, stigmatizza una situazione di crisi interna alla comunità che si struttura attorno ad una figura profetica femminile, simbolicamente denominata come la moglie fenicia di Acab che fece accostare il marito ai culti idolatrici cananaici, colta come paradigma di chi, con un presunto carisma personale e con grande capacità di coinvolgimento, riesce ad allontanare i fedeli dalla purezza del vangelo. Chi la segue si dà alla prostituzione, immagine tipica dell'idolatria, e mangia carni immolate agli idoli, cioè ha comunione con un mondo di degenerazione religiosa assolutamente contrario alla fede della Chiesa.

Dietro la figura di questa donna vi è, probabilmente, un movimento spiritualista che pretende di conoscere le profondità del mistero divino più degli altri e che, in realtà, si è fatto conoscitore delle "profondità di Satana".

Emergono, dunque, due questioni critiche: la frantumazione della piccola comunità e il problema del discernimento della vera profezia all'interno di una complessa fenomenologia di movimenti che rivendicano l'autenticità del carisma.

A chi non si è lasciato ammaliare dalla falsa profetessa, cui è indirizzata una dura minaccia unitamente a quanti commetteranno "adulterio" con lei (cf. Ap 2,22-23a), il Cristo non impone alcun peso ma rivolge semplicemente l'invito a custodire i risultati ottenuti.

D'altra parte la comunità sta già vivendo un processo di rinnovamento che è propriamente indicato dalla frase: τὰ ἔργα σου τὰ ἔσχατα πλείονα τῶν πρώτων: «le tue ultime opere sono più numerose delle prime». Più precisamente πλείονα è un comparativo di maggioranza che può intendersi in senso numerico, perciò appunto “più numerose”, sia graduale-intensivo[114] e, dunque, essere espresso in termini qualitativi, per cui D.E. Aune traduce: «Your recent behavior is better than before»[115]. Si tratta probabilmente di un particolare momento di vivacità della comunità, che la fa essere attiva e operosa più dei suoi primi tempi, ma anche capace di mettere in atto azioni incisive in ordine all'adesione a Cristo e alla missione.

L'oracolo in relazione alla vita della comunità si apre quasi immediatamente alla promessa escatologica (Ap 2,26-28), tutta incentrata su immagini messianico-regali: Καὶ ὁ νικῶν καὶ ὁ τηρῶν ἄχρι τέλους τὰ ἔργα μου, δώσω αὐτῷ ἐξουσίαν ἐπὶ τῶν ἐθνῶ καὶ ποιμανεῖ αὐτοὺς ἐν ῥάβδῳ σιδηρᾷ ὡς τὰ σκεύη τὰ κεραμικὰ συντρίβεται ὡς κἀγὼ εἴληφα παρὰ τοῦ πατρός μου, καὶ δώσω αὐτῷ τὸν ἀστέρα τὸν πρωϊνόν: «Al vincitore, a chi custodirà fino alla fine le mie opere[116], darò potestà sulle nazioni, le pascolerà con scettro di ferro, (le) frangerà[117] come vasi di terracotta. (Così) come anch'io l'ho ricevuta dal Padre mio, a lui darò la stella mattutina».

Il riferimento allo scettro di ferro del pastore è ripreso direttamente dal Sal 2,7-9, testo a cui l'autore fa più volte riferimento all'interno del libro[118], e qui perfettamente sovrapponibile al passo apocalittico.

---

[114] Cf. G. NEBE, πλείων, in H. BALZ-G. SCHNEIDER (edd.), *Dizionario esegetico del Nuovo Testamento*, Paideia, Brescia 2004, 967-969.968.

[115] D.E. AUNE, *Revelation*, I, 202.

[116] Il testo greco presenta un *nominativus pendens* che rendiamo con questa traduzione sulla scorta delle parallele promesse al vincitore, presenti in Ap 2,7: Τῷ νικῶντι δώσω αὐτῷ φαγεῖν ἐκ τοῦ ξύλου τῆς ζωῆς, ὅ ἐστιν ἐν τῷ παραδείσῳ τοῦ θεοῦ: «Al vincitore concederò di mangiare dall'albero della vita, che è nel paradiso di Dio»; e in Ap 2,17: Τῷ νικῶντι δώσω αὐτῷ τοῦ μάννα τοῦ κεκρυμμένου καὶ δώσω αὐτῷ ψῆφον λευκήν: «Al vincitore darò (da mangiare) la manna nascosta e una pietruzza bianca», cf. R.H. CHARLES, *Revelation*, I, 74.

[117] Nel contesto l'indicativo presente può essere reso come futuro. Secondo R.H. Charles si tratta di un ebraismo corrispondente a יְנַפְּצוּ in riferimento al Sal 2,9 (TM), cf. *ib.*, I, 77.

[118] Sal 2,7-9 (TM):

אֲסַפְּרָה אֶל חֹק יְהוָה אָמַר אֵלַי בְּנִי אַתָּה אֲנִי הַיּוֹם יְלִדְתִּיךָ
שְׁאַל מִמֶּנִּי וְאֶתְּנָה גוֹיִם נַחֲלָתֶךָ וַאֲחֻזָּתְךָ אַפְסֵי־אָרֶץ
תְּרֹעֵם בְּשֵׁבֶט בַּרְזֶל כִּכְלִי יוֹצֵר תְּנַפְּצֵם

«Voglio narrare del decreto che YHWH mi ha rivelato: “Mio figlio sei tu, io oggi ti ho generato, chiedi a me e renderò i popoli tua eredità e ti darò in possesso i confini della terra. Li guiderai con scettro di ferro, come vaso d'argilla li frangerai”».

Sal 2,7-9 (LXX): Διαγγέλλων τὸ πρόσταγμα κυρίου κύριος εἶπεν πρός με υἱός μου εἶ σύ ἐγὼ σήμερον γεγέννηκά σε αἴτησαι παρ' ἐμοῦ καὶ δώσω σοι ἔθνη τὴν κληρονομίαν σου καὶ τὴν κατάσχεσίν σου τὰ

L'immagine della stella sarà ripresa in Ap 22,16, dove compare pure con la presenza dell'aggettivo πρωϊνός. Ap 2,28 e Ap 22,16 contengono le uniche presenze dell'aggettivo all'interno del NT e l'esclusività delle ricorrenze rende l'utilizzo del termine un indizio della volontà dell'autore di mettere in rapporto i due passi. In quel contesto la metafora ha certamente valore messianico, basato sull'esegesi di Nm 24,17 attestata nel tardogiudaismo in almeno tre testi: il *Test. di Giuda* 24,1, il *Test. di Levi* 18,3 e il CD 7,18-19.

Nella promessa al vincitore, l'iterazione di δώσω αὐτῷ (Ap 2,26.28) mette in parallelo i rimandi al Sal 2 con la metafora astrale, come duplice espressione della partecipazione da parte del Cristo della sua regalità a quanti nella comunità di Tiatira si manterranno fedeli al vangelo.

4.5. L'oracolo alla Chiesa di Sardi, Ap 3,1-6

Sardi era un importante centro religioso a motivo della presenza di un grande tempio dedicato ad Artemide, ma all'interno del messaggio profetico indirizzato alla comunità cristiana che vi dimorava sembrerebbe mancare qualsiasi riferimento a problemi derivanti dalle pratiche idolatriche in uso nella città. La descrizione della situazione di profonda crisi che essa sta attraversando è data da due laconiche espressioni. Innanzitutto vi è l'antitesi: ὄνομα ἔχεις ὅτι ζῇς, καὶ νεκρὸς εἶ: «Hai nome che sei vivo, ma sei morto», laddove il termine ὄνομα andrebbe reso con "fama"[119], e a seguire l'espressione: οὐ [...] εὕρηκά σου

πέρατα τῆς γῆς ποιμανεῖς αὐτοὺς ἐν ῥάβδῳ σιδηρᾷ ὡς σκεῦος κεραμέως συντρίψεις αὐτούς: «Annunzierò il decreto del Signore. Il Signore mi ha detto: "Mio figlio sei tu, io oggi ti ho generato, chiedi a me e ti darò in eredità nazioni e come tuo possesso i confini della terra; li guiderai con scettro di ferro, come un vaso d'argilla li frangerai"». La presenza del Sal 2 nella promessa al vincitore contenuta nella lettera a Tiatira si rileva dal riferimento al dono dell'autorità sui popoli (δώσω σοι ἔθνη nel Sal 2,8 e δώσω αὐτῷ ἐξουσίαν ἐπὶ τῶν ἐθνῶν in Ap 2,26) e dalla sostanziale sovrapponibilità fra Ap 2,27 e il Sal 2,9. La presenza di riferimenti al Sal 2 nell'Apocalisse è diffusa e costantemente legata alla sua interpretazione messianica. Ne è esplicitazione Ap 12,5a, dove si ha un chiaro accostamento al Sal 2,9: καὶ ἔτεκεν υἱὸν ἄρσεν, ὃς μέλλει ποιμαίνειν πάντα τὰ ἔθνη ἐν ῥάβδῳ σιδηρᾷ: «Diede alla luce un figlio maschio, il quale è destinato a guidare tutte le nazioni con scettro di ferro». Altri riferimenti al Sal 2 sono stati ravvisati in Ap 6,15-17; 11,15-19; 14,1-5; 16,12-16; 17,7-18; 19,11-21; 21,3. Per una completa trattazione sull'assunzione del Sal 2 in chiave messianica nel libro dell'Apocalisse cf. O. PISANO, *La radice e la stirpe di David. Salmi davidici nel libro dell'Apocalisse*, Editrice Pontificia Università Gregoriana, Roma 2002, 231-335.

[119] Cf. G. BIGUZZI, *Apocalisse*, 121.

τὰ ἔργα πεπληρωμένα ἐνώπιον τοῦ θεοῦ μου: «Non ho trovato le tue opere complete/perfette davanti al mio Dio» (v. 2).

La prima frase, in maniera particolare, indica una situazione di contraddizione fra ciò che appare e si dice della Chiesa di Sardi e ciò che essa è realmente. Si parla di vita/morte, cioè di una probabile apparenza di vitalità della comunità, mentre in profondità essa sperimenta una situazione di necrosi e di stallo, forse per mancanza di entusiasmo nell'adesione al vangelo. Nel contesto del settenario, insieme a quello sulla Chiesa di Laodicea, è questo il giudizio più duro pronunziato dal Risorto.

Permane tuttavia un ambito di fedeltà in quei pochi (ὀλίγα) che οὐκ ἐμόλυναν τὰ ἱμάτια αὐτῶν καὶ περιπατήσουσιν μετ' ἐμοῦ ἐν λευκοῖς: «non hanno macchiato le loro vesti e camminano con me (con Cristo) in bianche vesti».

Paradossalmente proprio questa critica così radicale alla situazione della Chiesa di Sardi consente di rilevare alcuni dati interessanti in ordine alla lettura profetica della situazione di ogni comunità.

In primo luogo emerge il fatto che il giudizio negativo non è definitivo, anzi subito dopo l'affermazione νεκρὸς εἶ, il Cristo esorta la comunità a vigilare e a rinvigorire quel poco che rimane: γίνου γρηγορῶν καὶ στήρισον τὰ λοιπὰ ἃ ἔμελλον ἀποθανεῖν: «Sii vigilante e rafforza quello che resta e sta per morire» (Ap 3,2). Sonno e morte possono essere viste come situazioni contigue, dunque l'esortazione cristologica indica alla Chiesa una dimensione opposta di vera vitalità e di ripresa di vigore del poco che resta ancora attivo. I due atteggiamenti, vigilare e rinvigorire, sono perciò la premessa di una ricostruzione di questa comunità ridotta ormai alla soglia della scomparsa, che, però, può ancora trovare la via del rinnovamento cominciando da se stessa, per quanto quello che ha a disposizione sia ridotto quasi alla fine.

In secondo luogo, proprio la Chiesa di Sardi appare fra tutte quella che ha maggiore bisogno di essere aiutata nel suo cammino. Il Cristo, per questa ragione, le indica in concreto la modalità per rinvigorsi: μνημόνευε οὖν πῶς εἴληφας καὶ ἤκουσας καὶ τήρει καὶ μετανόησον: «Ricorda dunque come hai ricevuto e ascoltato, mantieni e convertiti» (Ap 3,3).

Ritorna il tema della conversione, che qui appare come il risultato di un percorso che partendo dalla memoria di quello che si è ricevuto e ascoltato, postula la custodia del messaggio evangelico.

Ricordare, mantenere, convertirsi sono tre passaggi conseguenti: la memoria è un richiamo all'origine, cioè al vangelo annunziato e accolto, il tenere/custodire è a suo modo un richiamo alla fedeltà all'annunzio e, infine, la conversione è il volgersi al dono fontale del vangelo, ritrovando il senso del cammino ecclesiale[120].

Viene messo in rilievo il valore dell'evento fondativo della comunità (l'annunzio avengelico), ma all'interno di un processo di tradizione, evocato proprio dall'invito a ricordare e mantenere la parola ricevuta.

Conseguentemente, la promessa escatologica si svolge in tre elementi. Il primo è esattamente speculare al riferimento ai fedeli della comunità "che non hanno macchiato le loro vesti", cui corrisponde l'espressione: Ὁ νικῶν οὕτως περιβαλεῖται ἐν ἱματίοις λευκοῖς: «Il vincitore, in questo modo, sarà avvolto in vesti bianche».

Il verbo περιβάλλειν[121] si trova dodici volte, il sostantivo ἱμάτιον sette volte[122] e l'aggettivo λευκός quattordici volte[123]. Bastano queste statistiche a evidenziare il fatto che il linguaggio metaforico utilizzato in questo brano si inscrive all'interno di un doppio registro simbolico, quello del vestito e quello cromatico, cui l'autore mostra di essere particolarmente legato.

Il colore bianco, associato esplicitamente o implicitamente alla veste, è comunque un attributo di diversi personaggi collocati nell'ambito celeste o di cui si vuole affermare la relazione con la trascendenza tanto nell'AT, quanto nella letteratura apocalittica giudaica e

---

[120] Giustamente R. Pérez Marquez scrive: «Non si tratta di un'imposizione o costrizione che la Chiesa deve subire, ma proprio il contrario: ricordando la sua prima esperienza dell'ascolto e dell'accoglienza della buona notizia, mantenendo la forza vitale che da essa emana, capirà il suo bisogno di conversione. Cambiando condotta la comunità di Sardi deve ritrovare se stessa», R. PÉREZ MÁRQUEZ, *Apocalisse della Chiesa*, 114.

[121] Il verbo περιβάλλειν si trova in Ap 3,5.18; 4,4; 7,9.13; 10,1; 11,3; 12,1; 17,4; 18,16; 19,8.13.

[122] Il sostantivo ἱμάτιον è presente in Ap 3,4.5.18; 4,4; 16,15; 19,13.13. Un termine affine è στολή, che si trova in Ap 6,11; 7,9.13.14; 22,14. Sui diversi significati dei riferimenti alla veste nella Bibbia, per quanto ormai datato, rimane un punto di riferimento il lavoro di E. HAULOTTE, *Symbolique du vêtement selon la Bible*, Aubier, Paris 1966.

[123] L'aggettivo λευκός si trova in Ap 1,14; 2,17; 3,4.5.18; 4,4; 6,2.11; 7,9.13; 14,14; 19,11.14; 20,11. Per una buona sintesi sul simbolismo cromatico nel libro e delle varie ricorrenze di termini che indicano i colori e le loro sfumature cf. U. VANNI, *Apocalisse*, 49-52.

nel NT[124]. Nel libro dell'Apocalisse il colore è riferito direttamente al trono divino, descritto come θρόνον μέγαν λευκόν: «un grande trono bianco» in Ap 20,11. In precedenza esso è attribuito al primo cavallo nella serie dei sigilli (cf. Ap 6,11), a quello del "Cavaliere-Logos" (cf. Ap 19,11) e alla cavalleria celeste che lo segue (cf. Ap 19,14). Nella maggior parte delle sue ricorrenze, però, il colore qualifica proprio le vesti di alcuni personaggi, quali i ventiquattro anziani della grande visione del trono divino in Ap 4, le anime dei decapitati, a ciascuna delle quali ἐδόθη: «fu data», στολὴ λευκή: «una veste bianca» (Ap 6,11), e quanti fanno parte della folla sterminata apparsa davanti al trono e all'Agnello, i quali sono περιβεβλημένους στολὰς λευκάς: «avvolti in bianche vesti» (Ap 7,9). Anche i cavalieri della schiera celeste sono ἐνδεδυμένοι βύσσινον λευκὸν καθαρόν: «vestiti di lino bianco, puro» (Ap 19,14) e, sebbene non esplicitamente attraverso l'uso dell'aggettivo, anche la veste della sposa è di colore bianco, cioè di βύσσινον λαμπρὸν καὶ καθαρόν: «lino puro, splendente» (Ap 19,8).

Nella seconda parte del racconto apocalittico, dunque, la veste bianca caratterizza personaggi che sono in vario modo prossimi all'ambito della trascendenza.

In Ap 3,4-5 l'immagine della veste bianca, però, è chiaramente legata anche al vissuto storico dei fedeli della comunità e, dunque, sia a una condizione cui si perviene sulla base di una deliberazione del credente, sia all'intervento del Cristo.

Questo primo elemento della promessa chiarisce i due successivi, il non essere cancellati dal libro della vita, che suppone un'iscrizione, e il riconoscimento del "vincitore" da parte del Cristo davanti al Padre suo e agli angeli.

---

[124] Bastano alcuni esempi per mostrare la portata di questo fenomeno. In Dn 7,9 del vestito dell'Antico dei giorni si dice, לְבוּשֵׁהּ כִּתְלַג חִוָּר (nella LXX: ἔχων περιβολὴν ὡσεὶ χιόνα: «aveva un vestito come neve») e, in 2 Macc 11,8 è ἐν λευκῇ ἐσθῆτι: «in veste bianca» l'angelo guerriero inviato da Dio a soccorrere i Maccabei contro Lisia. Anche nell'ambito della letteratura apocalittica giudaica la veste di personaggi soprannaturali è bianca o assimilata a questo colore per il suo splendore. Così, analogamente a Dn 7,9, in 1 *Enoc* 14,20 si parla dell'abito di Dio in questi termini: τὸ περιβόλαιον αὐτοῦ ὡς εἶδος ἡλίου λαμπρότερον καὶ λευκότερον πάσης χιόνος: « la sua tunica era come l'aspetto del sole, più pura e più bianca di tutta la neve». In maniera più specifica si parla dei sette arcangeli definendoli i «sette primi bianchi» in 1 *Enoc* 90,21. Nel *Test. Levi* 8,2, si trova analogo riferimento alla veste degli angeli: Καὶ εἶδον ἑπτὰ ἀνθρώπους ἐν ἐσθῆτι λευκῇ: «Vidi sette uomini in veste bianca». Nei vangeli con ἱμάτια λευκά si indica la veste del Cristo trasfigurato, volendosi sottolineare in tal modo la luminosità da essa emanata (cf. Mt 17,2; Mc 9,3; Lc 9,29), e il colore è pure riferito agli abiti degli angeli che annunziano la risurrezione (cf. Mt 28,3; Mc 16,5; Gv 20,12). In At 1,10 le vesti bianche sono attribuite ai due personaggi che si accostano ai discepoli al momento dell'ascensione del Signore.

Il riferimento al βίβλιον τῆς ζωῆς tornerà in Ap 20, nella scena della risurrezione per il grande giudizio finale. Qui se ne ha come un riferimento anticipatore, senza che se ne possa comprendere pienamente l'allusione se non a completamento della lettura del libro ovvero per il riferimento al bagaglio linguistico del giudaismo apocalittico. Se ne ha testimonianza in Fil 4,3 e un probabile antecedente nella notissima visione danielica del trono divino e del "simile a un figlio d'uomo", in Dn 7[125]. L'iscrizione del nome nel libro della vita è, dunque, indicazione di salvezza definitiva nel suo aspetto personale (il nome indica l'identità).

Analoga valenza ha il riconoscimento del "vincitore" da parte del Cristo. Il contesto evocato è sempre quello del giudizio escatologico, dato che la menzione degli angeli richiama il tribunale divino, ma all'interno di un riferimento a Dio come Padre del Cristo (ἐνώπιον τοῦ πατρός μου: «davanti al Padre mio») che sottolinea una dimensione confidenziale e misericordiosa nella ripresa del dato apocalittico tradizionale, cui, peraltro, sembra appartenere anche il riferimento alla reciprocità fra la confessione del Cristo davanti agli uomini e a quella dei fedeli da parte del Cristo davanti a Dio, attestata nei vangeli (cf. Mt 10,32; Lc 12,8[126]).

4.6. L'oracolo alla Chiesa di Filadelfia, Ap 3,7-13

Il tono generale del giudizio del Cristo su questa comunità è particolarmente consolatorio e poggia sul fatto che essa ha saputo custodire la sua parola e non ha rinnegato il suo Nome. Nell'elogio, però, si coglie anche la situazione di difficoltà che questa Chiesa sta attraversando, indicata al v. 8 dall'espressione: μικρὰν ἔχεις δύναμιν: «Hai poca forza». Il lemma μικρὰν δύναμις è da intendere in riferimento alla situazione di piccolezza/debolezza oggettiva della comunità, che tuttavia non le ha impedito di

[125] Va tenuto presente che sta ancora parlando Colui che è apparso a Giovanni nel giorno domenicale nelle sembianze del Figlio dell'uomo, il quale qui pare farsi avvocato di chi gli rimane fedele.

[126] Nel passo matteano Gesù utilizza la stessa indicazione di Dio come "Padre mio", che si ritrova in Ap 3,5. Sembra comunque eccessivo parlare, come fa Prigent, di allusione a questi due passi, cf. P. PRIGENT, *Apocalisse*, 129. Basta evidenziare un filone tematico che innova in senso cristiano il tema del giudizio escatologico davanti al trono di Dio.

esprimere la propria fedeltà al vangelo[127]. Per questa sua costanza nella prova, a seguire il Cristo pronunzia una promessa che si riferisce ad un futuro prossimo: ἰδοὺ διδῶ ἐκ τῆς συναγωγῆς τοῦ σατανᾶ τῶν λεγόντων ἑαυτοὺς Ἰουδαίους εἶναι, καὶ οὐκ εἰσὶν ἀλλὰ ψεύδονται: «Ecco (ti) darò alcuni della sinanoga di Satana che dicono di essere Giudei e non lo sono, ma mentiscono» (v. 9).

Il riferimento alla "sinagoga di Satana" ha il suo corrispettivo nel messaggio alla Chiesa di Smirne. È chiaro che la situazione delle due comunità era analoga e che anche a Filadelfia i cristiani subivano pressioni da parte di un gruppo giudaico intransigente. Rispetto alle parole riferite ai cristiani di Smirne, però, il tono complessivo del messaggio è più positivo, giacché viene evocata la conversione di alcuni provenienti dal giudaismo ostile al vangelo. Per prima cosa, dunque, si annunzia un'espansione della comunità che riuscirà a unire a sé parte di quelli che fino a quel momento erano rimasti chiusi alla novità cristiana. La promessa si estende al fatto che anche i Giudei intransigenti verranno a prostrarsi ai piedi della comunità di Filadelfia, con una formulazione che pare richiamare ironicamente gli annunci profetici isaiani sul pellegrinaggio dei popoli alla città santa (cf. Is 45,14; 60,14)[128].

La comunità è destinataria anche dell'esortazione a trattenere con forza quel che ha già ottenuto: κράτει ὃ ἔχεις ἵνα μηδεὶς λάβῃ τὸν στέφανόν σου: «Trattieni con forza ciò che hai, affinché nessuno sottragga la tua corona» (Ap 3,11), e dunque a perseverare in ciò che di positivo essa ha sperimentato. Il riferimento alla corona è ulteriore elemento di aggancio con il messaggio a Smirne, tuttavia lì si trattava della promessa della "corona della vita" come esito del cammino della comunità, mentre qui di quello che è già in possesso e va custodito. Se già la comunità sperimenta gli effetti benefici della sua adesione piena al vangelo, la promessa escatologica si muove sul versante del premio definitivo, espresso da un dittico di immagini: l'essere posto nel tempio come colonna e l'iscrizione del nome, che in questo caso, però, si riferisce a diversi livelli: si tratta del Nome di Dio, di quello della città di Dio cioè la nuova Gerusalemme e di quello di Cristo.

[127] In alternativa si potrebbe pensare che stia ad indicare la scarsa apertura missionaria della comunità, cf. R. PÉREZ MÁRQUEZ, *Apocalisse della Chiesa*, 128. Tuttavia, il contesto elogiativo ci fa escludere nell'espressione un tono polemico in questo passaggio del messaggio alla Chiesa di Filadelfia.

[128] Lo sfondo isaiano sarebbe pervasivo nell'intero oracolo a Filadelfia, a cominciare dall'autopresentazione cristologica. Per il riferimento ai testi menzionati cf. P. PRIGENT, *Apocalisse*, 135.

Il primo elemento fa riferimento a un dato di stabilità definitiva, così com'è anche detto espressamente: ὁ νικῶν ποιήσω αὐτὸν στῦλον ἐν τῷ ναῷ τοῦ θεοῦ μου καὶ ἔξω οὐ μὴ ἐξέλθῃ ἔτι: «Il vincitore lo costituirò come colonna nel santuario del mio Dio, cosicché non ne uscirà più». Poiché nella Gerusalemme escatologica descritta nei capitoli conclusivi del libro non vi sarà alcun tempio, la simbologia delle due parti della promessa dev'essere letta in maniera discontinua. Lo sfondo del primo elemento, pertanto, è diverso da quello del secondo e, probabilmente, dev'essere identificato con le diffuse tradizioni apocalittiche sul santuario celeste, a cominciare dalla grande visione di Ez 40-47, per continuare con quella di 1 *Enoc* 14. Evidentemente, però, il passo giovanneo produce un avanzamento della simbologia sul piano della personificazione del tempio escatologico, dato che qui i membri di una Chiesa "diventano" colonne portanti della struttura. Mi pare che l'idea possa trovare convergenza con quella della comunità come vero tempio di Dio e dimora del suo Spirito, presentata da Paolo in 1 Cor 3,16.

Il riferimento al triplice nome nel secondo elemento della promessa, innanzitutto è corrispondente alla professione di fede della comunità:

«Non hai rinnegato il mio Nome»;

«Scriverò su di lui il Nome del mio Dio, della nuova Gerusalemme [...] il mio Nome nuovo».

Se già nella promessa alla comunità di Pergamo emergeva l'importanza di questo riferimento in ordine all'innovazione cristologica della teologia del Nome, qui essa acquista addirittura anche una declinazione ecclesiologica. In definitiva appare la triplice dimensione della condizione escatologica del vincitore: teologica, come appartenenza definitiva a Dio; ecclesiologica, come perfezionamento dell'esperienza comunitaria terrena; cristologica, come speciale relazione del credente con il Cristo.

Come, dunque, vi è una teologia del Nome, così vi è una cristologia del Nome che si riferisce al suo *status* divino e alla sua condizione di Glorificato. Si parla del Nome nuovo di Cristo non perché si faccia riferimento ad altro rispetto a quello che si è manifestato storicamente di Lui, ma perché si indica la sua condizione esaltata, che, già attuale, si manifesterà a pieno al compiersi della storia. Anche il nome di Gerusalemme, detta pure espressamente "nuova", indica la condizione escatologica dell'umanità redenta in ordine alla sua associazione alla vittoria di Cristo.

4.7. L'oracolo alla Chiesa di Laodicea, Ap 3,14-22

L'ultimo oracolo è il più duro di tutti, essendo centrato su una forte critica del Cristo alla comunità di Laodicea che raggiunge il suo acme nell'espressione: μέλλω σε ἐμέσαι ἐκ τοῦ στόματός μου: «sto per vomitarti dalla mia bocca» (v. 16). La situazione di profonda crisi che attraversa la comunità cristiana è stigmatizzata da due passaggi: οὔτε ψυχρὸς εἶ οὔτε ζεστός. ὄφελον ψυχρὸς ἦς ἢ ζεστός: «Non sei né caldo né freddo, magari fossi caldo o freddo» (v. 15); ὅτι λέγεις ὅτι πλούσιός εἰμι καὶ πεπλούτηκα καὶ οὐδὲν χρείαν ἔχω, καὶ οὐκ οἶδας ὅτι σὺ εἶ ὁ ταλαίπωρος καὶ ἐλεεινὸς καὶ πτωχὸς καὶ τυφλὸς καὶ γυμνός: «Poiché dici: "Sono ricco, sono diventato ricco non ho bisogno di nulla", ma non sai che tu sei il più infelice, miserabile, povero, cieco e nudo» (v. 17).

Vi è una situazione di tiepidezza nella comunità che, fuor di metafora, è l'inconsistenza della sua fede e delle sue opere. Essa è come se non ci fosse! Per altro verso la Chiesa di Laodicea non ha consapevolezza della sua reale condizione spirituale. I riferimenti alla ricchezza che essa crede di avere e alla sua autosufficienza potrebbero rinviare ad una profonda conformazione dei membri della comunità al sistema sociale e culturale della città, caratterizzato da un grande benessere economico.

In maniera corrispettiva alla dura critica rivoltale, alla Chiesa di Laodicea è indicata in termini molto forti la necessità di una revisione della propria condotta. Tale orientamento è espresso prima a livello metaforico e a seguire sul piano esistenziale ed etico.

Tre immagini caratterizzano il primo livello dell'esortazione in Ap 3,18: συμβουλεύω σοι ἀγοράσαι παρ' ἐμοῦ χρυσίον πεπυρωμένον ἐκ πυρὸς ἵνα πλουτήσῃς, καὶ ἱμάτια λευκὰ ἵνα περιβάλῃ καὶ μὴ φανερωθῇ ἡ αἰσχύνη τῆς γυμνότητός σου, καὶ κολλ[ο]ύριον ἐγχρῖσαι τοὺς ὀφθαλμούς σου ἵνα βλέπῃς: «Ti esorto a comprare da me oro purificato nel fuoco per arricchirti, vesti bianche per coprirti e non mostrare la vergogna della tua nudità, e collirio per ungerti gli occhi e vedere».

Le immagini fanno riferimento ai tre aggettivi conclusivi del v. 17, con cui è sintetizzato il giudizio del Cristo, sebbene gli ultimi due siano ripresi in ordine diverso. L'elemento comune è l'acquisto dal Cristo stesso di quanto è necessario al superamento della situazione che la comunità vive, forse ironica allusione alla fervida attività commerciale della città, cui i cristiani sembrano partecipare[129].

Per superare la sua situazione di povertà, la Chiesa di Laodicea deve comprare oro da Cristo. Nell'Apocalisse l'oro è un metallo spesso legato alla sfera divina[130]. Il contenuto dell'invito è dunque a rinunciare ad una sicurezza basata sulle proprie possibilità e a riconoscere la priorità del riferimento a Dio, attraverso il legame con il Cristo. Per coprire la sua nudità (γυμνότης) la comunità, invece, dovrà acquistare vesti bianche. La metafora potrebbe indicare l'acquisizione della vera dignità data dall'appartenenza a Dio. Infine, il superamento della cecità dipenderà da un intervento terapeutico, dato dalla somministrazione di collirio per gli occhi. La guarigione dalla cecità, sempre legata al Cristo, appare come un fatto essenziale a cogliere i mali della comunità e il percorso da fare per superarli.

Il livello dell'esortazione diretto alla vita concreta della Chiesa è invece espresso brevemente al v. 19: ζήλευε οὖν καὶ μετανόησον: «Dunque, impegnati e convertiti».

Se il secondo imperativo si inscrive nel complesso degli inviti alla conversione che costituisce uno dei pilastri delle parenesi presenti nel settenario, il primo è specifico di questo messaggio e fa da contrappunto alla critica di tiepidezza rivolta alla comunità. Alla mancanza di impegno e di entusiasmo deve contrapporsi un atteggiamento nuovo che propriamente è quello dello zelo.

Evidentemente le indicazioni date alla Chiesa di Laodicea appaiono come quelle più articolate e sembrano orientarne il cammino verso una revisione globale della sua esperienza di fede. Essa deve rinvigorire il proprio rapporto con il Cristo, superando il senso di autosufficienza che fino a quel momento non è riuscita neppure a vedere e che

---

[129] Cf. U. VANNI, *Apocalisse*, 152.

[130] Solo a mo' di esempio citiamo il fatto che d'oro è la cintura nella veste del "Figlio dell'uomo", menzionata in Ap 1,13, come quella dell'Angelo in *Apoc. Sof.* 6,12. Inoltre, nella descrizione della Gerusalemme celeste, si dice che è d'oro la piazza della città escatologica in cui dimorano Dio e l'Agnello (cf. Ap 21,15).

l'ha resa povera e nuda. Le è necessario anche ricuperare un atteggiamento di vero impegno per il vangelo.

La durezza del giudizio e la fermezza dell'esortazione sono giustificati ai vv. 19-20 dall'amore del Cristo per la comunità e dall'invito alla comunione, mutuato dall'immagine del banchetto con chi accoglie la sua venuta.

Questo passaggio, pertanto, apre alla promessa escatologica che è espressa con la metafora del trono condiviso, in cui il vincitore sederà con il Cristo, così come Egli è assiso con il Padre. L'immagine fa da contrappunto alla pesantezza del giudizio espresso nei versetti precedenti. In nessun messaggio la promessa escatologica si spinge talmente avanti, richiamando comunque l'idea dell'intronizzazione finale del vero credente che pare essersi fatta strada nelle tradizioni apocalittiche del periodo tardogiudaico[131]. Giustamente U. Vanni precisa che la comparazione tra la vittoria del cristiano con la sua intronizzazione e quella del Cristo, espressa nella seconda parte della promessa: ὡς κἀγὼ ἐνίκησα, καὶ ἐκάθισα μετὰ τοῦ πατρός μου ἐν τῷ θρόνῳ αὐτοῦ: «come anch'io ho vinto e mi sono assiso con il Padre mio sul suo trono», indica la radice della glorificazione del credente e non una semplice specularità: «l'intronizzazione del cristiano dipende da quella di Cristo e ne è come un prolungamento»[132].

In generale quest'ultima promessa, richiamando propriamente la conclusione della visione in cui si dice unitamente del trono dell'Agnello e di Dio, costituisce idealmente l'acme del settenario e un'introduzione al contenuto della sezione celeste della rivelazione, che presenterà i ventiquattro vegliardi seduti attorno al seggio divino.

[131] E. Lupieri cita la presenza del tema in 4Q521, cf. E. LUPIERI, *Apocalisse*, 137.
[132] U. VANNI, *Apocalisse*, 152.

Colui che deve venire è già venuto

Se l'uso corrente di "apocalittico" come sinonimo di catastrofico, ci priva di uno dei termini chiave della nostra esperienza credente, in ambito scientifico la difficoltà di trovarne una definizione soddisfacente ci impedisce di intenderci su un'unica esplicitazione della parola. Se, però, a livello popolare incide certa diffusa estraneità al significato profondo del linguaggio biblico, in quello della ricerca specialistica vi è stato una sorta di "peccato originale" che ha inficiato la valutazione oggettiva dei dati a nostra disposizione, cioè l'aver pensato all'apocalittica come un fenomeno coeso sul piano sociale (gruppi apocalittici) ovvero su quello letterario (una precisa forma letteraria apocalittica). La diversità, a volte notevole, dell'origine e della forma dei testi a noi pervenuti che in genere classifichiamo come apocalittici, impedisce in realtà qualsiasi tentativo di omologazione.

Dunque "apocalittico" geneticamente non è né un movimento di pensiero, né un genere letterario, ma piuttosto la designazione aggettivale di un'evoluzione all'interno del cammino credente d'Israele, maturato dall'esigenza di leggere la storia nel suo significato globale. Che principalmente tale necessità si sia sviluppata in periodi di crisi, soprattutto quello maccabaico, è questione determinate: si ha bisogno di capire l'orizzonte di un percorso, proprio quando il passaggio presente è contrassegnato da una particolare difficoltà. Il criterio discriminante della visione apocalittica della realtà va letto sul duplice livello dello svelamento dell'esito della storia, variamente articolato soprattutto in racconti di visioni celesti, e di un evento-cardine, su cui si innesta la rilettura del cammino di un gruppo.

Il ricorso alla pseudoepigrafia è principalmente legato al carattere emblematico dell'esperienza credente di un personaggio centrale della storia d'Israele, come ad esempio Abramo o Enoch.

Dunque, con buona pace di chi ritiene l'apocalittica un movimento di fuga dal mondo, è l'attenzione alla storia ad ispirare comunemente gli scritti giudaici che denominiamo apocalittici, secondo, però, una prospettiva innovativa, data dal tentativo di fornirne una visione complessiva e di trasmetterla attraverso un eletto che viene per questo portato a livello celeste e/o raggiunto da un messo angelico. Nella sua struttura, tutto ciò obbedisce alla logica che ha retto per secoli il profetismo ebraico. Per questo ho parlato di "apocalittico" come aggettivo afferente soprattutto al profetismo evoluto in ordine al protologico e all'escatologico, e quindi al progressivo avvicinarsi di un evento risolutivo della storia.

Il cristianesimo nasce in questo clima, con l'elemento discriminante che il punto cardine della salvezza si attua in Gesù di Nazaret. La sua autodefinizione con il titolo "apocalittico" di Figlio dell'uomo, ampiamente attestato nei vangeli ma per sé, a parte le ricorrenze in cui indica genericamente un essere umano, pochissimo presente nella letteratura antica che lo riporta in Dn 7 e in qualche controverso passo all'interno del Pentateuco enochico, è prova del fatto che lo stesso Gesù si colloca consapevolmente all'interno di questa evoluzione del profetismo biblico-giudaico.

La riflessione delle comunità giovannee, su cui qui ho centrato la mia attenzione, conduce a una visione matura di questo dato, in cui il portato escatologico dei filoni profetici apocalittici è personalizzato nel Cristo. Non più semplicemente un orizzonte o un evento, dunque, è l'escatologico, ma la persona di Gesù. A tal proposito ho detto del passaggio dall'*escaton* all'*Escatos*.

Rimane, dunque, la tensione verso l'orizzonte ultimo dell'esperienza credente in una dialettica di già ma non ancora, che si gioca sempre sulla persona del Cristo. Il Quarto Vangelo, perciò, parla di Lui come l'Inviato rivelatore del Padre, facendo convergere il tema del giudizio con la presa di posizione nei suoi confronti (fede o rifiuto), ma anche come il Veniente. Analogamente l'Apocalisse per un verso si apre con l'apparizione a Giovanni del Figlio dell'uomo fra i candelabri-Chiese e per un altro si conclude con l'annunzio della Parusia del Cristo.

Nel complesso di questi dati si rileva una visione espressamente profetica dell'esperienza ecclesiale.

I cosiddetti discorsi di addio del Vangelo giovanneo insistono sulla continuità tra l'azione del Cristo e quella dello Spirito, che prenderà del suo e l'annunzierà, dando ai discepoli profonda comprensione del suo annunzio. D'altra parte Gesù sin dall'inizio si fa portatore della parola di Dio e della pienezza dello Spirito, quando riferisce a Nicodemo che «Colui che Dio ha mandato, dice le parole di Dio, giacché dà lo Spirito senza misura» (Gv 3,34). Nella reciprocità dell'azione di Cristo e dello Spirito si attua, dunque, l'essenza della profezia cristiana, così come le comunità giovannee l'hanno percepita e sperimentata.

È pur vero, però, che esse ne hanno avvertito tutta la problematicità in ordine alle derive pseudo-carismatiche subito nate al loro interno, se la 1 Gv esorta a non credere ad ogni ispirazione (cf. 1 Gv 4,1), precisando a più riprese il criterio cristologico di autenticità della profezia, fino alla identificazione dell'azione dello Spirito nella testimonianza della venuta del Cristo con acqua e sangue (cf. 1 Gv 5,6-8).

La questione continua a muoversi anche nella 1 Gv all'interno della percezione della venuta dell'ultima ora, e, dunque, della consapevolezza che in Cristo si è presentato l'evento risolutivo della storia. Per questa ragione gli spiritualisti che edulcorano o annullano del tutto il portato escatologico dell'umanità di Gesù, e, inoltre, pretendono l'esclusività del loro carisma, sono indicati con la denominazione di "anticristi", tanto nella 1 Gv 2,18.22; 4,3, quanto nella 2 Gv 7.

L'Apocalisse si pone come ideale compimento dell'esperienza profetica delle comunità giovannee. La sua caratterizzazione come "libro profetico" pone in tutta evidenza la maturazione in ambito cristiano della visione della profezia come prospettiva olistica sulla storia, il cui evento risolutivo è la pasqua del Cristo, colta, però, non come un fatto chiuso nel passato, ma come l'avvenimento capace di abbracciare l'intero vissuto delle Chiese.

Le categorie espressive sono ora quelle mutuate da varie tradizioni profetico-apocalittiche, ma la struttura portante è quella che intende l'essenza della profezia cristiana come la permanenza della parola e dell'azione di Cristo attraverso lo Spirito. Di fatto è proprio tale persistenza a caratterizzare l'una e l'altra in ordine all'escatologico. Non v'è da attendere ulteriorità nella rivelazione, quanto è piuttosto la sovrabbondanza di senso dell'evento cristologico a raggiungere le "sette Chiese" e, dunque, ogni Chiesa, facendosi orizzonte ultimo del loro cammino e giudizio orientante sul loro presente.

Due passaggi dell'Apocalisse giovannea esplicitano questo punto nodale dell'innovazione cristiana del precedente modello profetico-apocalittico biblico e giudaico:

la formula posta a chiusura dei messaggi alle Chiese: «Chi ha orecchi ascolti quel che lo Spirito dice alle Chiese», e l'espressione: «La testimonianza di Gesù è lo spirito di profezia» di Ap 19,10.

Proprio quest'ultima precisazione spiega il senso della sovrapposizione in Ap 2-3 della parola del Cristo con l'annunzio dello Spirito alle Chiese, in ordine al fatto che nelle comunità l'ispirazione profetica si identifica con la perenne attualità della parola del Risorto che giudica e orienta alla promessa della salvezza data in pienezza. Ho parlato per questo dei sette messaggi di Ap 2-3 come oracoli profetici, dimostrando così, se necessario, che effettivamente non esiste un unico genere letterario apocalittico. D'altra parte gli elementi che favoriscono questa denominazione sono molteplici, data la presenza della "formula dell'inviato" rivisitata in chiave cristologica, e soprattutto della struttura giudizio-esortazione-prospettiva di salvezza o di condanna che caratterizza numerosi oracoli profetici indirizzati a Israele o alle nazioni.

È evidente che nel settenario apocalittico la profezia è caratterizzata come irruzione dell'Escatologico nelle comunità, tanto che ognuna di esse è innanzitutto chiamata a riconoscere nelle parole che riceve "l'apocalisse di Gesù Cristo", cioè il disvelamento di Colui che parla, giudica, esorta e annunzia l'orizzonte definitivo della storia.

La presenza dell'*Escatos* nelle Chiese ci abilita ad una lettura ottimista della storia, in cui anche la crisi è luogo fecondo di innovazione. Essa, inoltre, ci porta a leggere il cammino ecclesiale non in relazione a idealizzazioni spiritualiste, ma nella particolarità di esperienze per se stesse uniche, che danno concretezza storica al *mysterium Ecclesiae*. Infatti, gli oracoli alle Chiese aprono il libro della profezia, che solo a seguire contiene il racconto della rivelazione celeste a Giovanni, dalla visione del trono divino e dell'Agnello alla discesa della Gerusalemme-Sposa, immagine espressiva della pienezza definitiva di comunione dell'*Escatos* e dell'umanità "escatologizzata" dalla sua opera.

Paradigma dell'annunzio profetico nella Chiesa e della Chiesa, e dunque nelle Chiese e delle Chiese, i sette oracoli di Ap 2-3 si pongono come continua esperienza della parola del Cristo sulla storia, portata dallo Spirito che sempre ammaestra nella verità.

Riscoperta della relazione genetica con il Risorto, lucida percezione della situazione presente in bene e in male, slancio verso un rinnovamento che si deve attuare quale preparazione al dono definitivo della salvezza, ne sono gli elementi portanti, che sempre alimentano il vissuto ecclesiale nella certezza che Colui che deve venire è già venuto.

Bibliografia

1. Studi generali sull'apocalittica e il giudaismo

GRY L., *Les dires prophétiques d'Esdras*, I-II, Geuthner, Paris 1938.

LAGRANGE M.J., *Le Judaisme avant Jésus-Christ*, Gabalta, Paris 1931

KOCH K., *Difficoltà dell'apocalittica*, Paideia, Brescia 1977.

MOORE G.F., *Judaism in the First Centuries of the Christian Era*, I-III, Hardvard University Press, Cambridge 1927-1930.

RUSSELL D.S., *L'apocalittica giudaica*, Paideia, Brescia 1991.

SACCHI P., *L'apocalittica giudaica e la sua storia*, Paideia, Brescia 1990.

SACCHI P., *Formazione e linee portanti dell'apocalittica giudaica precristiana*, in PENNA R. (ed.), *Apocalittica e origini cristiane. Atti del V Convegno di Studi Neotestamentari (Seiano, 15-18 settembre 1993)*, EDB, Bologna 1995, 19-36.

TRAVERS HERFORD R., *The Pharisaism. Its Aim and its Method*, William & Norgate, London 1912.

2. Commentari e studi sull'Apocalisse

ALLO E.B., *Saint Jean. L'Apocalypse*, J. Gabalda, Paris 1933[3].

AUNE D.E., *The Form and Function of the Proclamations to the Seven Churches (Revelation 2-3)*, in «New Testament Studies» 36 (1990) 198-204.

AUNE D.E., *Revelation*, I-III, Word Books, Dallas 1997-1998.

BAUCKHAM R., *Teologia dell'Apocalisse*, Paideia, Brescia 1994.

BIGUZZI G., *I settenari nella struttura dell'Apocalisse. Analisi, storia della ricerca, interpretazione*, EDB, Bologna 1996.

BIGUZZI G., *«Il tempo è vicino»: l'escatologia nell'Apocalisse*, in «Liber Annuus» 54 (2004).

BIGUZZI G., *Apocalisse*, Edizioni Paoline, Milano 2005.

BORING M. E., *Apocalisse*, Claudiana, Torino 2008.

CARRELL P.R., *Jesus and the Angels. Angelology and Christology of the Apocalypse of John*, Cambridge University Press, Cambridge 1997.

CHARLES R.H., *A Critical and Exegetical Commentary on the Revelation of St. John*, I-II, T. & T. Clark, Edinburgh 1920.

FILIPPINI R., *La testimonianza nell'Apocalisse*, in «Parole di Vita» 45 (2000) 4,39-44.

GIESCHEN C.A., *Angelomorphic Christology. Antecedents and Early Evidence*, Brill, Leiden 1998.

GUNDRY R.H., *Angelomorphic Christology in the Book of Revelation*, in «Society of Biblical Literature. Seminar Papers» 33 (1994) 662-678.

HAHN F., *Die Sendschreiben der Johannesapokalypse. Ein Beitrag zur Bestimmung prophetischer Redeformen*, in JEREMIAS G. et al. (edd.), *Tradition und Glaube. Festgabe für K.G. Kuhn*, Vandenhoeck & Ruprecht, Göttingen 1971, 357-394.391-392.

HOFFMAN M.R., *The Destroyer and the Lamb. The Relationship between Angelomorphic and Lamb Christology in the Book of Revelation*, J.C.B. Mohr (Paul Siebeck), Tübingen 2005.

KIRBY T., *The rethorical Situation of Revelation 1-3*, in «New Testament Studies» 34 (1988) 107-207.

LUPIERI E., *L'Apocalisse di Giovanni*, Edizioni Mondolibri, Milano 1999.

MANNS F., *L'Évêque, Ange de l'Église*, in «Ephemerides Liturgicae» 104 (1990) 176-181.

MASSYNGBERDE FORD J., *For the testimony of Jesus is the Spirit of prophecy (Rev 19,10)*, in «Irish Theological Quarterly» 42 (1975) 284-291.

MOUNCE R.H., *Apocalisse. Introduzione e commento*, GBU, Chieti 2013.

MÜLLER U.B., *Prophetie und Predigt im Neuen Testament*, Mohn, Gütersloh 1975, 57-107.

PANZARELLA S., *L'Angelo e Giovanni*, Cittadella, Assisi 2015.

PANZARELLA S., *Ispirazione profetica e liturgia nell'esperienza apocalittica di Giovanni. L'espressione* ἐγενόμην ἐν πνεύματι *in Ap 1,10 e Ap 4,2*, in «Laurentianum» 56 (2015) 299-297.

PANZARELLA S., *Visione del Cristo Angelo*, Cittadella, Assisi 2016.

PIKAZA IBARRONDO X., *Apocalisse*, Borla, Roma 2001.

PRIGENT P., *L'Apocalisse di S. Giovanni*, Borla, Roma 1985.

RUDBERG G., *Zu den Sendschreiben der Johannesapokalypse*, in «Eranos» 11 (1911) 170-179.

SCHMITT E., *Die Christologische Interpretation Als das Grundlegende der Apokalypse*, in «Theologische Quartalschrift» 140 (1960) 262-264.

SWETE H.B., *The Apocalypse of Saint John*, Macmillan, London - New York 1906.

ULFGARD H., *In Quest of the Elevated Jesus: Reflections on the Angelomorphic Christology of the Book of Revelation within its Jewish Setting*, in MÜLLER M. - TRONIER H. (edd.), *The New Testament as reception*, Sheffield Academic Press, London - New York 2002, 120-130.

VANNI U., *L'Apocalisse. Ermeneutica, esegesi, teologia*, EDB, Bologna 1991.

3. Commenti e studi su altri libri dell'Antico e del Nuovo Testamento

ASHTON J., *Comprendere il Quarto Vangelo*, Libreria Editrice Vaticana, Città del Vaticano 2000.

BEUTLER J., *Le Lettere di Giovanni. Introduzione, versione e commento*, EDB, Bologna 2009.

BROWN R.E., *Giovanni*, Cittadella, Assisi 1991[3].

BROWN R.E., *Lettere di Giovanni*, Cittadella, Assisi 2000[2].

DOOD C.H., *L'Interpretazione del Quarto Vangelo*, Paideia, Brescia 1974.

GAETA G., *Spirito profetico e Spirito di verità. Note esegetiche sul Vangelo di Giovanni*, in PENNA R. (ed.), *Il Profetismo da Gesù di Nazaret al montanismo. Atti del IV Convegno di Studi Neotestamentari (Perugia, 12-14 settembre 1991)*, EDB, Bologna 1993, 85-96.

KLAUCK H.J., *Lettere di Giovanni*, Paideia, Brescia 2013.

LÉON-DUFUR X., *Lettura dell'evangelo secondo Giovanni*, I-IV, Edizioni San Paolo, Cinisello Balsamo 1992-1995.

MANNUCCI V., *Giovanni il vangelo narrante*, EDB, Bologna 1993, 257-258.

MOODY SMITH D., *Le lettere di Giovanni*, Claudiana, Torino 2009.

PALINURO M., *«Tu chi sei?». Le autorivelazioni di Cristo nel Vangelo di Giovanni*, Città Nuova, Roma 2010.

PAINTER J., *1,2 and 3 John*, The Liturgical Press, Collegeville 2002.

PISANO O., *La radice e la stirpe di David. Salmi davidici nel libro dell'Apocalisse*, Editrice Pontificia Università Gregoriana, Roma 2002.

SCHNEIDER J., *Die KrichenBriefe des Jakobs, Petrus, Judas und Johannes*, Vandenhoeck & Ruprecht, Göttingen 1961[9].

THÜSING W., *Le tre lettere di Giovanni*, Città Nuova, Roma 1972.

VAWTER B., *Le epistole giovannee*, in BROWN R.E. - FITZMYER J.A. - MURPHY R.E. (edd.), *Grande Commentario Biblico*, Queriniana, Brescia 1973.

VIGINI G., *Lettere di Giovanni e Apocalisse. Con testo e note di commento a fronte*, Edizioni Paoline, Milano 1998

4. Altri studi

BLASS F.-DEBRUNNER A., *Grammatica del greco del Nuovo Testamento*, Paideia, Brescia 1997[2].

BORING M.E., *Continuing Voice of Jesus: Christian Prophecy and the Gospel Tradition*, J. Knox Press, Louisville 1991.

HAULOTTE E., *Symbolique du vêtement selon la Bible*, Aubier, Paris 1966.

LOTMAN Y.M., *The Text within Text*, in «Proceedings of the Modern Language Association» 109 (1994) 377-384.

MÜLLER U.B., *Prophetie und Predigt im Neuen Testament*, Mohn, Gütersloh 1975.

NEBE G., πλείων, in BALZ H. - SCHNEIDER G. (edd.), *Dizionario esegetico del Nuovo Testamento*, Paideia, Brescia 2004, 967-969.

SPREAFICO A., *La voce di Dio. Per capire i profeti*, EDB, Bologna 2014.

Indice degli autori

Allo E.B.: 41
Ashton J.: 10
Aune D.E.: 41,51,67

Balz H.: 67
Bauckham R.: 32
Blass F.: 13
Biguzzi G.: 23, 36, 39,41, 55, 59, 60, 63, 69
Boring M.E.: 20, 41
Brown R.: 13, 14, 17, 18, 20, 21, 32

Carrell P.R.: 25
Charles R.H.: 4, 23, 42, 45, 67

Debrunner A.: 13
Dood C.H.: 11

Filippini R.: 23

Gaeta G.: 12, 13
Gieschen C.A.: 25
Gry L.: 5
Gundry R.H.: 25

Haulotte E.: 70
Hahn F.: 36
Hoffman M.R.: 25

Jeremias G.: 36

Kirby T.: 39
Klauck H.J.: 16, 18, 19, 20
Koch K.: 3

Lagrange M.J.: 5
Léon-Dufur X.: 14, 15
Lohmeyer E.: 36
Lohse E.: 42
Lotman Y.M.: 11
Lupieri E.: 62, 77

Manns F.: 41
Mannucci V.: 10
Massyngberde Ford J.: 23
Moody Smith D.: 20
Moore G.F.: 4
Mounce R.H.: 52
Müller M.: 25
Müller U.B.: 36

Nebe G.: 67

Palinuro M.: 10, 11, 32
Painter J.: 17
Panzarella S.: 22, 23
Penna R.: 3, 8, 12
Pérez Márquez R.A.: 42, 59, 60, 70, 73
Pikaza Ibarrondo X.: 32
Pisano O.: 68
Prigent P.: 32, 42, 62, 65, 72, 73

Rudberg G.: 36
Russell D.S.: 4, 6

Sacchi P.: 3, 8, 9
Schmitt E.: 43
Schneider G.: 67
Schneider J.: 21
Spreafico A.: 38
Swete H.B.: 63

Thüsing W.: 21
Travers Herford R.: 4, 6
Tronier H.: 25

Ulfgard H.: 25

Vanni U.: 22, 23, 39, 46, 49, 53, 70, 76, 77
Vawter B.: 21
Vigini G.: 21

Indice generale

Sigle e abbreviazioni 2

Apocalittico come aggettivo 3

I PARTE

LA PROFEZIA APOCALITTICA NELLE CHIESE GIOVANNEE

1. I processi evolutivi della profezia apocalittica: un tentativo di ricostruzione 8

2. La specifica articolazione dell'innovazione apocalittica del modello profetico negli scritti giovannei 10

  2.1. Il Quarto Vangelo 10

  2.2. Le lettere 16

  2.3. L'Apocalisse 22

  2. 4. Alcune considerazioni conclusive 27

II PARTE

I SETTE MESSAGGI ALLE CHIESE COME ORACOLI PROFETICI

1. La visione inaugurale dell'Apocalisse tra immagine e parola 29

2. Per una definizione del genere letterario dei sette messaggi alle Chiese 36

  2.1. Il settenario dei messaggi alle Chiese sullo sfondo delle sequenze di oracoli profetici dell'AT 37

  2.2. La struttura dei sette messaggi alle Chiese 38

3. Gli elementi modulari dei messaggi alle Chiese tra tradizione e innovazione del modello profetico 41

  3.1. Gli Angeli delle Chiese 41

  3.2. La Chiesa che è in 46

  3.3. La formula dell'inviato 47

  3.4. «Conosco le tue opere» 52

  3.5. «Chi ha orecchi ascolti quel che lo Spirito dice alle Chiese» 53

3.6. La promessa al "vincitore" ... 54
4. Il contenuto specifico degli oracoli tra giudizio e promessa escatologica ... 58
4.1. L'oracolo alla Chiesa di Efeso, Ap 2,1-7 ... 58
4.2. L'oracolo alla Chiesa di Smirne, Ap 2,8-11 ... 62
4.3. L'oracolo alla Chiesa di Pergamo, Ap 2,12-17 ... 64
4.4. L'oracolo alla Chiesa di Tiàtira, Ap 2,18-29 ... 66
4.5. L'oracolo alla Chiesa di Sardi, Ap 3,1-6 ... 68
4.6. L'oracolo alla Chiesa di Filadelfia, Ap 3,7-13 ... 72
4.7. L'oracolo alla Chiesa di Laodicea, Ap 3,14-22 ... 75

Colui che deve venire è già venuto ... 78

Bibliografia ... 83

Indice degli autori ... 87

Printed by Books on Demand GmbH, Norderstedt / Germany